新しい保育基礎

―免許法改定に対応して―

松浦善満 監修　　寄ゆかり・伊藤一雄 編著

SUNRISE

は じ め に

　大阪千代田学園は本年創立70周年を迎えることになりました。本書はその記念事業の一環として発刊するもので幼児教育関係の教員が共同で執筆にあたりました。

　さて、保育・幼児教育は近年大きな変動期を迎えています。その一つは4年前から国会で取り上げられた「『保育園落ちた』の待機児童問題」です。二つは幼児教育の無償化が昨年10月から開始されたことです。三つは、2017年に「幼稚園教育要領」が改訂され、続いて「保育所保育指針」の改定、そして「幼保連携型認定こども園教育・保育要領」が施行され、保育現場では3種類の指導計画が登場したことです。

　このような大きな変動が保育・幼児教育界に押し寄せているのです。その際、大切なのはぶれない「羅針盤」をもつことが大切だと思います。しかも一人ひとりが自分自身の保育・教育についての「羅針盤」を持つことです。

　本書はそのような時代の変動に向き合えることも含め、保育幼児教育の基礎的・基本的事項を学ぶことができる入門書として発刊します。

　なお、それぞれの章末にはいくつかの課題を設定しています。その章を学習する前に、まず章末にかかげているこの課題を確認していただければより理解が深まると思います。

　次に、いま幼児教育界で起きている理論的課題について少し触れたいと思います。

　アメリカのノーベル経済学受賞者、J・ヘックマンは、子どもが

幼少時の体験から獲得する「非認知能力」が将来大人に成長した時にパワーを発揮する事実を、40年間にわたる追跡調査から明らかにしました。ここで「非認知能力」とは何なのか簡単に紹介しておきましょう。それは子どもが興味を抱いたことをやり遂げようとする「夢中体験」によって形成される能力です。例えば、ダンゴムシでも、アリンコでも、朝顔の水やりでも、サツマイモの世話でもいいのですが、子どもたちは自然とかかわると、また遊びを通して時と場を忘れて没頭します。ヘックマン博士は、この「夢中体験」から得られる「非認知能力」（ここでは遂行力・目標達成力）こそが、子どもの自立と将来の活動に役立つことを明らかにしたのです。さらにお友達・仲間（他者）と協同できる能力、我慢し耐える力も「非認知能力」です。それは記憶や学習から正解を得る、いわゆる「認知力（学力）」とは異なる能力です。今回の幼児教育要領、保育所保育指針においても「非認知能力」の見直しが意図されています。人間の生育から見ると「非認知能力」こそ、乳幼児期の豊かな原体験（遊びを内包する）を通して身につく能力です。

　近年、「質の高い保育」の必要性がうたわれていますが、就学前の子どもたちに「非認知能力」が身につく「原体験」が補償できる保育カリキュラムが求められているのです。

　本書にはそのためのいくつものヒントが掲げられていますので、各章ごとに順番を問わずに読者の皆様が、それぞれに関心のある章から学んでいただきたく思います。そして疑問ができたなら、大阪千代田短期大学のスタッフに遠慮なくアクセスしてください。

令和2年
河内長野にて
松浦　善満

目　　　次

第1章　乳幼児保育等の施設と教職員の服務

　小学校に就学する以前の乳幼児（以下本章では「子ども」と略す）の教育及び保育（以下本章では保育等と略す）の施設を大別すると、幼稚園と各種の児童福祉施設がある。歴史的に「幼稚園」は、子どもの保育等に主要な役割を果たしてきたが、産業や就業構造の変化に伴い2019（令和元）年5月段階では、保育所、認定こども園など多様化している。本章ではこれらの施設について法的側面からの解説と、勤務する教職員の研修と服務について解説する。教職員とは保育等を担当する教員（以下本章では教員と略す）と、その他の業務を担当する職員（以下本章では職員と略す）の総称である。ただ、現場では保育者と呼称する場合が多い。第4章以降は第11章を除きとくに定めた個所以外では原則として保育者を使用する。

　1.「子ども」の保育等の施設である幼稚園、保育所、認定こども園の役割について概説する。

　2.「子ども」の保育等の施設に勤務する教職員が、職務の遂行上で必要な研修と服務について説明する。

第1節　「子ども」の保育等の施設

1. 幼稚園

　幼稚園は学校教育法（以下本章では学教法と略す）第1条「学校の範囲」に明記された教育機関である。同条では「この法律で学校とは幼稚園、小学校、義務教育学校、中学校、高等学校、中等教育学校、特別支援学校、大学及び高

等専門学校とする」と定めてある。短大はこの大学に含まれる。この9種類の機関が「学校の範囲」なのであり、一般に「一条校」と称される。その他の機関は学校と称することはできない。

「幼稚園の目的」について、学教法第22条は「幼稚園は、義務教育及びその後の教育の基礎を培うものとして、幼児を保育し、幼児の健やかな成長のために適当な環境を与えて、その心身の発達を助長することを目的とする」と記されている。そして、幼稚園の入園資格は、学教法第26条に「幼稚園に入園できる者は満3歳から小学校就学の始期に達するまでの幼児とする」とされている。

幼稚園教育の内容は「幼稚園教育要領」に示されている。小学校、中学校、義務教育学校、高等学校、中等教育学校、特別支援学校では校種別の「学習指導要領」に基づき行われる。ただし、義務教育学校は、小学校と中学校、中等教育学校は中学校と高等学校の「学習指導要領」が適用される。内容はおよそ10年ごとに改訂される。この幼稚園教育要領及び学習指導要領は法的拘束力がある。ただし、そこに記された指導内容は守る義務があるが、指導方法については教員の創意工夫が必要である。そのため学習指導要領は「拘束力」となっている点に注目してほしい。

教員は各校種別（中学校と高等学校は校種に加えて各教科別）の教育職員免許状（以下本章では教免と略す）が必要である。幼稚園の場合は幼稚園教諭の教免が必要である。教免は基礎資格により専修、一種、二種がある。小学校以上では基礎資格がない場合でも、特別な知識や技能を持ち、教員として社会的に信頼できる人物に対しては、特別免許状が授与される制度がある。

この他に学教法第124条に専修学校が設けられている。これには学教法第1条に掲げるもの以外の教育施設で、職業若しくは実際生活に必要な能力を育成し、又は教養の向上を図ることを目的とした学校である。

2．保育所と認定こども園

児童福祉法（以下本章では児福法と略す）第7条で「この法律で児童福祉施設とは助産施設、乳児院、母子生活支援施設、<u>保育所</u>、<u>幼保連携型認定こども園</u>、児童厚生施設、児童養護施設、障害児入所施設、児童発達支援センター、児童心理治療施設、児童自立支援施設及び児童家庭センターとする」（下線筆者）と記されている。この中で幼保連携型認定こども園は「就学前の子どもに関す

る教育、保育等の総合的な提供の推進に関する法律」（以下本章では「認定子ども園法」と略す）により、学校教育法による幼稚園で行う教育と児童福祉法による保育所の保育をあわせ持つ施設として2016年に設けられた。以下に各施設の概要を示す。

⑴保育所

　保育所は一般に保育園と呼称されているが、児福法の39条に「保育所は保育を必要とする乳児・幼児を日々保護者の下から通わせて保育を行うことを目的とする施設（利用定員が20名以上であるものに限り、幼保連携型認定こども園を除く）とする。」となっている。この場合の保育の定義は「家庭での養護及び教育（3歳以上の教育は除く）」である。

　児童の定義は児福法第4条で「満18歳に満たない者」とされ表1-1のようになる。ただし、学教法第17条、18条では年齢により、幼稚園は幼児、小学生は学齢児童、中学生・高校生は学齢生徒と定めている。学校現場では学齢を省き「児童」「生徒」と略して使用することが多い。児福法との違いも理解しておく必要がある。

表1-1　児童福祉法による児童の呼称（児童福祉法第4条）

全体の呼称	個別の呼称	該当年齢
児童	乳児	満1歳に満たない者
	幼児	満1歳から小学校就学の始期に達するまでの者
	少年	小学校就学の始期から満18歳に達するまでの者

学校教育法（幼稚園：幼児、小学生：学齢児童、中学生と高校生：学齢生徒）

⑵「幼保連携型認定こども園」と「その他の認定こども園」

　認定こども園は「幼保連携型認定こども園」と「その他の認定こども園」に分類できる。表1-2に各施設の概略を示す。

①幼保連携型認定こども園

　幼保連携型認定こども園の目的は、児福法第7条、第39条の2、認定こども園法第1条に規定されている。要約すると「義務教育及びその後の教育の基礎を培うものとしての満3歳以上の子どもに対する教育並びに保育を必要とする乳児・幼児に対する保育を一体的に行い、これらの乳児又は幼児の健やかな成長が図られるよう適当な環境を与えて、その心身を助長するとともに保護者に対する子育ての支援を行うこと目的として設置される施設」となっている。こ

こで教育とは教育基本法及び学教法に規定された学校において行われる教育を指している。

　これは、従来の<u>幼稚園と保育所の機能や特徴をあわせ持ち、地域の子育て支援も行う施設</u>である。各施設に勤務する職員に必要な免許・資格はその類型により異なる。

表1-2　認定こども園の種類

	幼保連携型認定こども園	その他の認定こども園		
		幼稚園型認定こども園	保育所型認定こども園	地方裁量型認定こども園
法的性格	学校かつ児童福祉施設	学校（幼稚園に加えて保育所の機能を併せ持つ）	児童福祉施設（保育所に加えて幼稚園の機能を併せ持つ）	幼稚園と保育所の両機能を持つ施設
設置主体	国、自治体、学校法人、社会福祉法人	国、自治体、学校法人	制限なし	
教職員の条件	保育教諭（幼稚園教諭免許と保育士資格の両方が必要である）＊①	満3歳以上の保育は幼稚園教諭免許と保育士の両免許資格の併有が望ましいが、いずれかでも可能である。満3歳未満の保育は保育士資格が必要である。	満3歳以上の保育は保育士資格と幼稚園教諭免許の両免許資格の併有が望ましいが、いずれかでも可能である。＊②満3歳未満の保育は保育士資格が必要である。	満3歳以上の保育は幼稚園教諭免許と保育士資格の併有が望ましいが、いずれかでも可能である。満3歳未満の保育は保育士資格が必要である。
開園時間開園曜日	11時間開園、土曜日の開園が原則（弾力的な運用が可能）	地域の実情に応じて設定	11時間開園、土曜日の開園が原則（弾力的な運用が可能）	地域の実情に応じて設定
給食提供	自園調理が原則・調理室の設置義務、満3歳以上は外部の搬入可能	自園調理が原則・調理室の設置義務、満3歳以上は外部の搬入可能＊③	自園調理が原則・調理室の設置義務、満3歳以上は外部の搬入可能	自園調理が原則・調理室の設置義務、満3歳以上は外部の搬入可能＊③

＊①保育教諭は呼称である。
＊②ただし、教育相当時間以外の保育に従事する場合は、保育士資格が必要である。
＊③参酌基準のため都道府県の条例により異なる。

　②その他の認定こども園
　学教法による学校（幼稚園）と保育所の機能も持つ幼保連携型認定こども園と児福法による児童福祉施設（保育所）と、幼稚園の機能も併せ持つ保育所型

認定こども園、及び地域の需要状況等により設けられる幼稚園と保育所の両機能をもつ地域裁量型認定こども園の3種がある。

第2節　　保育等の施設に勤務する教職員の研修と服務

　この節では、学教法及び児福法に定められた保育等の施設（以下本章では保育施設と略す）に勤務する教職員の研修と服務について説明する。本節では主に国公立の幼稚園に勤務する教職員を念頭に記すが、民間の保育施設に勤務している職員も、基本的に労働協約などで同等の基準が適用されている。幼稚園に置かねばならない教職員及び幼保連携型認定こども園の職員は表1-3に示す。

表1-3　幼稚園及び幼保連携型認定こども園の教職員

幼稚園（学校教育法第27条）		幼保連携型認定こども園（認定子ども園法第14条）	
名称	職務	名称	職務
○園長	園務をつかさどり所属職員を監督する。	○園長	園務をつかさどり所属職員を監督する。
○教頭	園長を助け、園務を整理し、及び必要に応じ幼児の保育をつかさどる。	○保育教諭	園児の教育及び保育をつかさどる。教育は学校教育法による教育をさす。
○教諭	幼児の保育をつかさどる。	○印は必置の職員である。必要に応じ副園長、教頭、事務職員、その他の職員を置くことができる。	
○印は必置の職員である。必要に応じ副園長、事務職員、その他の職員を置くことができる。			

　幼稚園に置かねばならない教員は教頭と教諭である。幼保連携型認定こども園の場合は保育教諭が教員に相当する。公務員の場合は保育施設の管理者である園長は、教育公務員であり教員には含まない。

1．教職員と研修

　保育施設に勤務する教職員は、次世代を担う子どもの保育等に従事する重要な職務である。なかでも教員は、その力量を高めるために研修が大切である。研修について教育公務員特例法（以下本章では教特法と略す）の第4章第21条に「教育公務員は、その職責を遂行するため、絶えず研修と修養に努めなければならない」とされ、同2項で「教育公務員の任命権者は、教育公務員の研修

について、それに要する施設、研修を奨励するための方法、その他研修に関する計画を樹立し、その実施に努めなければならない」（一部略）としている。研修の機会については教特法第22条に表1-4のように示されている。この研修は大別して職務研修と自主研修に分けられる。職務研修は職務として参加しなくてはならない研修である。自主研修は教員が主体的に行う研修である。職務研修は大別して国レベルの研修、地方レベルの研修、学校が独自に行う研究会の研修がある。

表1-4　教員と教育公務員の研修（教育公務員特例法第22条）

	該当事項
1	教育公務員には研修を受ける機会が与えられなければならない。
2	教員は授業に支障のない限り、本属長の承認を受けて、勤務場所を離れて、研修を行うことができる。
3	教育公務員は任命権者の定めるところにより現職のままで、長期にわたる研修を受けることができる。

教育公務員は校長、園長、教諭等（助教諭、講師を含む）教育委員会の指導主事などが含まれる。教員には校長、園長は含まれない。

2．教職員と服務

　保育等施設に勤務するすべての教職員は、その職務上の服務がある。服務とは「教職員がその職責を遂行する上で服さなければならない仕事のすべて」である。服務の根本基準は公務員の場合は、地方公務員法（以下本章では地公法と略す）第30条に「すべて職員は全体の奉仕者として公共の利益のために勤務し、且つ職務のすべてに当たっては全力をあげてこれに専念しなければならない」と定めてある。一般に保育施設に勤務する教職員の服務は、大別して「職務上の服務」と「身分上の服務」に分かれる。このうち、「職務上の服務」は教職員全体に共通している服務である。「身分上の服務」は教員としてとくに留意する必要のある服務である。

⑴職務上の服務

　①服務の宣誓

　国公立の保育施設の教職員は、採用に当たり服務の宣誓をしなくてはならない。これは国民全体に奉仕する立場を明確にするためである。それ以外に地公法第16条及び学教法第９条に欠格事項が記されている。これに該当する人は教

員になることはできない。民間の保育施設の場合は採用時の誓約書がこれに相当する。内容を要約したものを表1-5に示す。

表1-5　教員の欠格条項（地方公務員法第1条及び学校教育法第9条）

	該当事項
1	成人被後見人又は被保佐人の該当者
2	禁錮刑以上の刑に処せられ、その執行を終わるまで又はその執行を受けなくなるまでの者
3	当該地方公共団体から懲戒免職の処分を受け、当該処分の日から2年を経過しない者
4	人事委員会又は公平委員会の職にあって、第6条から第63条までに規定する罪を犯し刑に処せられた者（特別な場合を除き新規採用職員に該当者はいない）
5	日本国憲法施行の日以後において、日本国憲法又はその下に設立した政府を暴力で破壊することを主張する政党その他の団体を結成し、またはこれに加入した者
6	任用時点で学校での職務に必要な教育職員免許状を有していない者

②法令及び上司の職務上の命令に従う義務

地公法第32条に「職員はその職責を遂行するに当たって、法令、条例、地方公共団体の規則及び地方公共団体の機関の定める規定に従い、且つ、上司の職務上の命に忠実に従わねばならない」と定めてある。この条文は以下の3点に集約できる。

a. 法令に従う義務

教職員が守らねばならない法律は多くある。憲法、教育基本法、学教法等の法令以外に各地方自治体の条例、規則まで多くある。教員の日常の勤務においては意識することがないが、教育行政は法治主義である。

b. 上司の職務上の命に従う義務

幼稚園や幼保連携型認定こども園では園長、副園長、教頭が、小学校、中学校、高等学校等では校長、副校長、教頭が一般の教員の上司に当たる。その他の保育施設では施設長等が職場の上司になる。重要な職務の命令は文書で行われる。通常の業務は口頭で行われることが多いが、これも職務命令の一種である。留意して置くことは、上司の職務上の命に従う義務があるのであって、職務以外の命には従う義務はない。

③職務に専念する義務

これは地公法第35条に「職員は法令又は条例に特別の定めのある場合を除く

外、勤務時間、職務上の注意力のすべてをその職責遂行のために用い、当該地方公共団体がなすべき責を有する職務にのみ従事しなければならない」と記されている。ただし、教員の場合は仕事の性質上「職務に専念する義務」が免除される場合がある。教特法第22条及び26条にそれが定めてある。

⑵身分上の服務

教員の身分上の服務は以下の５点ある。熟知しておかねばならない。

①信用失墜行為の禁止

地公法第33条に「職員はその信用を傷つけ、又は職員の職全体の不名誉となる行為はしてはならない。」とされている。勤務中は当然であるが、私生活においても要求される倫理水準は高いといえる。地公法第29条に懲戒処分の基準が定められている。

②秘密を守る義務

一般に守秘義務といわれる。地公法第34条に「職員は、職務上知りえた秘密を漏らしてはならない。その職を退いた後も、また同様とする」と記されている。一般には「守秘義務」と略して使用されている。秘密について「職務上知りえた秘密」と「職務上の所轄に関する秘密」に分けている。

「職務上知りえた秘密」は、子どもの家庭環境等が該当し、退職後も守秘義務がある。後者の「職務上の所轄に関する秘密」は自分の所属する職場についての情報を公表する場合は職場の長の許可が必要になる。

③政治的行為の制限

公務員は憲法15条2項に「すべて公務員は全体の奉仕者であって、一部の奉仕者ではない。」と明記され、教育基本法第14条には「良識ある公民として必要な政治的素養は、教育上尊重されなければならない」と記されている。地公法第36条にその内容が示されている。具体的には「公の選挙又は投票で特定政党や個人に投票するようあるいはしないように勧誘する」こと等があげられる。ただ、公務員といえども国民の一員であるから、職場を離れた一私人としての政治的活動まで禁止されているわけではない。

④争議議行為等の禁止

憲法第28条で「勤労者の団結する権利、団体交渉その他の団体行動する権利はこれを保障する」となっている。一般に労働三権と言われている団結権、団体交渉権、争議権である。労働条件は、労働基準法第２条に「労働条件は労働

者と使用者が対等で決定すべきものである」とされている。この一般の労働者に保障されている労働三権は公務員の場合は「全体の奉仕者である」という観点から一部制限されている。

　⑤営利事業等への従事制限

　公務員が営利事業等を営むことについては、地公法第38条で「職員は任命権者の許可を得なければ、営利を目的とする私企業その他の団体の役員の兼務や、報酬を得て事業や事務などに従事してはならない」と定めてある。これは禁止でなく制限である。教員の場合は教特法第38条で任命権者の許可を得て、一部の職業を兼務することが許されている。

３．教員の身分保障と不利益の救済

　教員の身分は教育基本法第9条2項で「教員はその使命と職責の重要性に鑑み、その身分は尊重され、待遇の適正が期されるとともに、養成と研修の充実が図られなければならない」と定めてある。一般の公務員は採用されて6ヶ月間は「条件付き採用期間」であり、その間の勤務状態に問題がなければ正式採用になる。民間の保育施設の職員については労働基準法が適用される。国公立学校の教諭は教特法第12条で条件付き採用期間が1年である。これは学校運営では1年が単位であり、新採教員の1年間の職務状況を把握するためである。

　正式採用になっても、服務違反等に相当する事実があった場合は処分が科せられる。教員の場合、社会通念上や道義的に問題はないが、教科に対する専門的知識・技能が不足し学習指導が適切に行えない等、職務に適格性を欠く場合は分限免職がある。

（伊藤一雄）

課題１　幼稚園、保育所、幼保連携型認定こども園の主な違いを記して下さい。

課題２　教員の職務上の服務を5点、身分上の服務について5点、具体例をあげて記して下さい。

参考図書
伊藤一雄他編著　『新しい教職基礎論』　サンライズ出版 2018
佐藤史人他編著　『新時代のキャリア教育と職業指導』　法律文化社 2018
堀内達夫他編著　『日本と世界の職業教育』法律文化社 2013

第2章　教育・保育課程の基礎
―保育内容総論―

　保育をめぐる状況はめまぐるしく変化している。少子化、核家族化、共働き家庭の増加など子育て家庭や子どもの育ちをめぐる環境が大きく変化し、国や地域を挙げて、子ども・子育てへの支援を強化する必要性が強調されている。本章では、その役割の大半を担うこととなる就学前施設（幼稚園、保育所、認定こども園）に求められている幼児期の教育・保育について論述する。主たる内容は以下の3点である。

1. 幼児教育・保育を取り巻く社会の変化を踏まえてスタートした「子ども・子育て支援制度」における就学前施設の役割について解説する。
2. 幼稚園教育の基本となる教育課程の在り方や環境を通して行う保育について解説する。
3. 求められている幼児教育・保育の内容について、幼稚園教育要領のポイントを確認しながら解説する。

第1節　幼児教育・保育をめぐる状況

　2006年に成立2017年に一部改正した「就学前の子どもに関する教育、保育等の総合的な提供の推進に関する法律」において、第一条の目的には、前述した課題の軽減、解決に向けて国が取り組もうとする方向が示されている。

> 第一条　この法律は、幼児期の教育及び保育が生涯にわたる人格形成の基礎を培う重要なものであること並びに我が国における急速な少子化の進行並びに家庭及び地域を取り巻く環境の変化に伴い小学校就学前の子どもの教育及び保育に対する需要が多様なものとなっていることに鑑み、地域における創意工夫を生かしつつ、小学校就学前の子どもに対する教育及び保育並びに保護者に対する子育て支援の総合的な提供を推進するための措置を講じ、もって地域において子どもが健やかに育成される環境の整備に資することを目的とする。

　さらに、2015年4月、幼児期の学校教育や保育、地域の子育て支援の量の拡充や質の向上を進める「子ども・子育て支援制度」がスタートする。本制度は、「量」と「質」の両面から子育てを社会全体で支えることを目的としており、2012年に成立した「子ども・子育て支援法」では以下のように目的を示している。

> 第一章　総則
> （目的）
> 第一条　この法律は、我が国における急速な少子化の進行並びに家庭及び地域を取り巻く環境の変化に鑑み、児童福祉法（昭和二十二年法律第百六十四号）その他の子どもに関する法律による施策と相まって、子ども・子育て支援給付その他の子ども及び子どもを養育している者に必要な支援を行い、もって一人一人の子どもが健やかに成長することができる社会の実現に寄与することを目的とする。

　このような家庭や地域を取り巻く環境の変化への対応として、子どもの年齢や親の就労状況などに応じた多様かつ質の高い支援を実現するために誕生したのが「幼稚園」と「保育所」の機能をあわせもつ「認定こども園」である。表2-1に示すように「幼稚園」「保育所」「認定こども園」は、在籍期間や時間、対象児の年齢などに違いがあるほか、その成り立ちにより所管や根拠法令も異なるため、保育の基準を示す根拠規定も別に定められている。

　しかし、3つの施設に制度上の違いはあるが、小学校就学始期を迎えるまで園生活を送る施設であることには変わりなく、各年齢の発達に応じた教育・保育内容が実施されることにも違いはない。今回、同時期に改訂（改定）された「幼稚園教育要領」「保育所保育指針」「幼保連携型認定こども園教育・保育要領」

表2-1　保育所・幼稚園・認定こども園の所管・根拠法令等

所管	厚生労働省	文部科学省	内閣府
根拠法令	「児童福祉法」(に基づく児童福祉施設)	「学校教育法」(に基づく学校)	「就学前の子どもに関する教育、保育等の総合的な提供の推進に関する法律」
教育・保育内容の基準	保育所保育指針	幼稚園教育要領	幼保連携型認定こども園教育・保育要領(※)
※幼保連携型以外の認定こども園は、保育所保育指針、幼稚園教育要領に準じる(筆者作成)			

は、各施設の特徴を残しつつ、各年齢に応じた教育・保育内容については用語や表現なども含めて整合性が図られている。特に、3歳以上の教育・保育内容については、発達の諸側面から「健康」「人間関係」「環境」「言葉」「表現」の5つの領域に分類し、ねらい、内容、内容の取扱いについて三者とも共通に示されている。「保育所保育指針」「幼保連携型認定こども園教育・保育要領」では、5領域のほかに「養護にかかわる内容」も示されている。

　世界各国ではどうであろうか。特にOECD・EU諸国を中心に幼児教育・保育改革が急速に進められ、各国の取組や調査結果は、OECD調査報告書"Starting Strong(人生の始まりこそ力強く)"において報告されている。このような流れの中、「乳幼児期が人間の学習と発達の基礎形成の重要な段階である」と見なされるようになり、特に21世紀を生き抜くために必要な力として注目されている社会情動的スキル(あるいは非認知的スキル)には、乳幼児期の

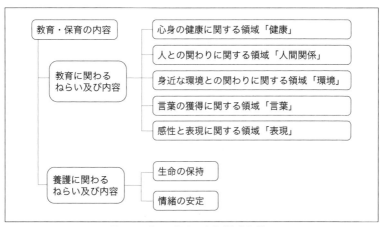

図2-1　教育・保育の内容(筆者作成)

生活と教育の質が大きく影響しているという研究成果が報告されている。

　以上のような就学前施設への期待は、就学前施設の保育の内容等の基準を示す「幼稚園教育要領」「保育所保育指針」「幼保連携型認定こども園教育・保育要領」において具体的に示されている。これらは、おおむね10年ごとに改訂（改定）されるため、2018年度の改訂は、前述した国内外の状況を反映し今後目指していくべき幼児教育・保育の基準を示したものといえる。

第2節　幼稚園教育要領改訂のポイントより

1.「総則」の改訂

(1)「環境を通して行う教育」を基本とすること

　はじめに、幼稚園教育の基本について、「幼稚園教育要領」を確認しておく。

第1章　総則
第1　幼稚園教育の基本
　幼児期の教育は、生涯にわたる人格形成の基礎を培う重要なものであり、幼稚園教育は、学校教育法に規定する目的及び目標（下線①）を達成するため、幼児期の特性を踏まえ、環境を通して行うものであることを基本とする。
　このため教師は、幼児との信頼関係を十分に築き、幼児が身近な環境に主体的に関わり、環境との関わり方や意味に気付き、これらを取り込もうとして、試行錯誤したり、考えたりするようになる幼児期の教育における見方・考え方を生かし（下線②）、幼児と共によりよい教育環境を創造するように努めるものとする。
　〜中略〜
　その際、教師は、幼児の主体的な活動が確保されるよう幼児一人一人の行動の理解と予想に基づき、計画的に環境を構成しなければならない。この場合において、教師は、幼児と人やものとの関わりが重要であることを踏まえ、教材を工夫し（下線③）、物的・空間的環境を構成しなければならない。また、幼児一人一人の活動の場面に応じて、様々な役割を果たし、その活動を豊かにしなければならない。　　　　　　　　　　　　（下線は筆者による）

　幼稚園において、「環境を通して行う教育」を基本とすることには変わりはない。下線部分「幼児が身近な環境に主体的に関わり、環境との関わり方や意

味に気付き、これらを取り込もうとして、試行錯誤したり、考えたりするようになる幼児期の教育における見方・考え方を生かし（下線②）」が追加されたことにより、幼児が環境を通して学んでいく姿がより明確になっている。また、この「環境」とは、物的な環境だけを指すのではなく、教師や他の幼児も含めた幼児の周りの環境すべてのことであり、幼児にとってよりよい教育環境を創造するために大きな役割を担う教師は、「教材を工夫（下線③）」することが重要であることも追加されている。

　幼児の主体的な活動の主なものが「遊び」であり、幼児にとって重要な「学習」である。幼児期は、学ぶということを意識しているわけではないが、楽しいことや好きなことに集中することを通じて様々なことを学んでいく（＝学びの芽生え）のである。幼児自身が「楽しそう。おもしろそう」と興味・関心をもち、「やってみたい」と意欲的に関わろうとするような環境を構成するためには、「幼児期の特性を踏まえる（発達の段階を考慮し、直接的・具体的な対象とかかわる）」ことや「目標（下線①）」を意識することが重要なのである。

　幼児期の発達と遊びの関係を図2-2、図2-3に示す。

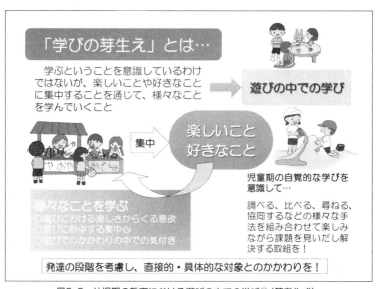

図2-2　幼児期の教育における遊びの中での学び①（筆者作成）

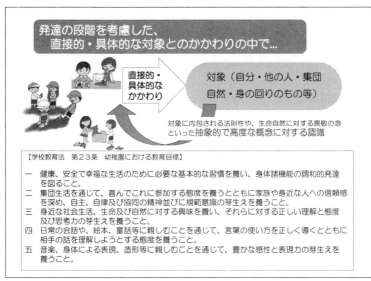

発達の段階を考慮した、
直接的・具体的な対象とのかかわりの中で…

直接的・
具体的な
かかわり

対象（自分・他の人・集団
自然・身の回りのもの等）

対象に内包される法則性や、生命自然に対する畏敬の念
といった抽象的で高度な概念に対する認識

【学校教育法　第23条　幼稚園における教育目標】

一　健康、安全で幸福な生活のために必要な基本的な習慣を養い、身体諸機能の調和的発達
　　を図ること。
二　集団生活を通じて、喜んでこれに参加する態度を養うとともに家族や身近な人への信頼感
　　を深め、自主、自律及び協同の精神並びに規範意識の芽生えを養うこと。
三　身近な社会生活、生命及び自然に対する興味を養い、それらに対する正しい理解と態度
　　及び思考力の芽生えを養うこと。
四　日常の会話や、絵本、童話等に親しむことを通じて、言葉の使い方を正しく導くとともに
　　相手の話を理解しようとする態度を養うこと。
五　音楽、身体による表現、造形等に親しむことを通じて、豊かな感性と表現力の芽生えを
　　養うこと。

図2-3　幼児期の教育における遊びの中での学び②（筆者作成）

(2)幼稚園教育において育みたい資質・能力の明確化

　今回の改訂では、教育課程全体の方向性として、各学校段階及び全ての教科
等について共通する、育成を目指す資質・能力が明確化されている。幼児期に
育みたい資質・能力は、小学校以降のようないわゆる教科指導で育むのではなく、
幼児の自発的な活動である遊びや生活の中で、感性を働かせてよさや美しさを
感じ取ったり、不思議さに気づいたり、できるようになったことを使いながら、
試したり、いろいろな方法を工夫したりすることを通じて育むことが重要であ
る。こうした幼児期の特性を踏まえ、以下のように三つの柱として整理された。

第1章　総則
第2　幼稚園教育において育みたい資質・能力及び「幼児期の終わりまでに
　　育ってほしい姿」
1　幼稚園においては、生きる力の基礎を育むため、この章の第1に示す幼
　　稚園教育の基本を踏まえ、次に掲げる資質・能力を一体的に育むよう努め
　　るものとする。
　(1)豊かな体験を通じて、感じたり、気付いたり、分かったり、できるよう

になったりする「知識及び技能の基礎」
⑵気付いたことや、できるようになったことなどを使い、考えたり、試したり、工夫したり、表現したりする「思考力、判断力、表現力等の基礎」
⑶心情、意欲、態度が育つ中で、よりよい生活を営もうとする「学びに向かう力、人間性等」
２ 1に示す資質・能力は、第２章に示すねらい及び内容に基づく活動全体によって育むものである。

　図2-4に示すようにこれらは個別に取り出して身に付けさせるものではなく、遊びを通しての総合的な指導を行う中で、一体的に育んでいくことが重要である。この「資質・能力」とはどのようなものなのか、また小学校以上の教育課程との関連については次のように整理されている。

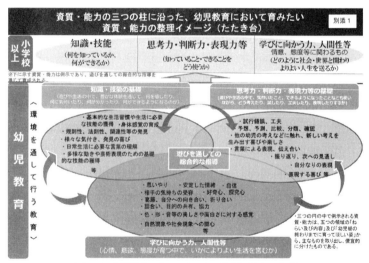

図2-4　幼児教育において育みたい資質・能力の整理
文部科学省　幼児教育部会における審議のとりまとめ（2016年8月26日）より

⑶「幼児期の終わりまでに育ってほしい姿」の明確化

　幼稚園教育において育みたい資質・能力と合わせて明確化されたのが「幼児期の終わりまでに育ってほしい姿」である（巻末資料参考）。これは、5領域のねらい及び内容に基づく活動全体を通して資質・能力が育まれている幼児の幼稚園修了時の具体的な姿であり、教師が指導を行う際に考慮するものである。また、

幼稚園等と小学校の教職員が持つ５歳児修了時の姿が共有化されることにより幼児教育と小学校教育との接続の一層の強化が図られることが期待されている。

　「幼稚園教育要領　第２章　ねらい及び内容」の前文において、「育みたい資質・能力」「幼児期の終わりまでに育ってほしい姿」「５領域のねらいと内容」の関係について整理されている。

　「育みたい資質・能力」を幼児の生活する姿から捉えたものが「各領域のねらい」として示されている（各領域とは、幼児の発達の諸側面から分類した５領域をさす）。「各領域のねらい」は、「幼稚園における生活の全体を通じ、幼児が様々な体験を積み重ねる中で相互に関連をもちながら次第に達成に向かうもの」であり、この「ねらいを達成するために指導する事項」は「各領域の内容」として示されている。「幼児期の終わりまでに育ってほしい姿」は、これらのねらい及び内容に基づく活動全体を通して育まれた幼稚園修了時の具体的な姿であり、「資質・能力が育まれている具体的な姿」なのである。これらの関係を図2-5に示す。

　さらに前文の最後には、「なお、特に必要な場合には、各領域に示すねらいの趣旨に基づいて適切な、具体的な内容を工夫し、それを加えても差し支えないが、その場合には、それが第１章の第１に示す幼稚園教育の基本を逸脱しな

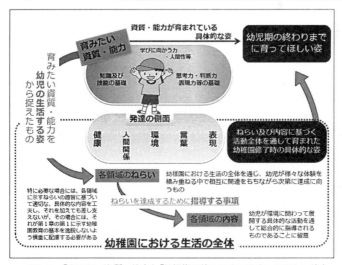

図2-5　「育みたい資質・能力」「幼児期の終わりまでに育ってほしい姿」
「５領域のねらいと内容」の関係（筆者作成）

いよう慎重に配慮する必要がある（下線は筆者による）」と明記されている。義務教育ではない幼稚園の教育・保育内容は、各園の自立性に委ねられている部分が大きい。地域によっては、少子化に伴う園児獲得のための競争が激化しており、幼稚園教育要領に示す「幼稚園教育の基本」を逸脱していないか危惧されるところである。

(4)幼児理解に基づいた評価

　幼児一人一人のよさや可能性を把握するなど幼児理解に基づいた評価を実施することについて明記された。これまでの評価の考え方は維持しつつ、他の幼児との比較や一定の基準に対する達成度についての評価によって捉えるものではないことが強調されている。

　幼児一人一人の育ちの姿を理解したり評価したりすることは、小学校との円滑な接続にも生かすことができる。「幼児期の終わりまでに育ってほしい姿」を活用して幼児の発達の状況を小学校教職員と共有することができるよう、指導要録以外のものを含め、小学校と情報の共有化の工夫を図ることが大切である。また、小学校就学時だけではなく進級時の引継ぎも同様である。

　幼児理解・評価の方法の一つとして注目されているのは、日々の記録や実践を写真や動画などに残し可視化したいわゆるドキュメンテーション、ポートフォリオなどにより、幼児の評価の参考となる情報を日頃から蓄積することである。これらを保護者や幼児、地域、小学校と共有することを通じて、幼稚園と家庭・地域（小学校も含む）が一体となって幼児理解を深めることは、一人一人のよさや可能性を伸ばすことにつながるのである。

(5)言語活動の充実

　幼児期における言語活動の重要性は、「第1章　総則　第4　指導計画の作成と幼児理解に基づいた評価　3指導計画作成上の留意事項」の中で下記のように示されている。

---

(3)言語に関する能力の発達と思考力等の発達が関連していることを踏まえ、幼稚園生活全体を通して、幼児の発達を踏まえた言語環境を整え、言語活動の充実を図ること。　　　　　　　　　　　　　　　（下線は筆者による）

　幼児の発達を踏まえた言語活動とは、幼児が言葉のリズムや響きを楽しんだり、知っている言葉を様々に使いながら、未知の言葉と出会ったりする中で、

言葉の獲得の楽しさを感じたり、友達や教師と言葉でやり取りしながら自分の考えをまとめたりするようにすることを大切にした活動である。「幼児期の終わりまでに育ってほしい姿」では、「文字への関心・感覚」「伝え合い」と表現されているように、幼児期の言語活動は、「読む・書く」といった小学校の国語の教科指導の先取りではない。しかし、幼児期に備わった「文字への関心・感覚」や「言葉による伝え合いの経験」は、小学校以降の教科学習（国語だけでなく）の土台となることはもちろん、思考力やコミュニケーション力を育み、人生をよりよく生きることへとつながっていくのである。

(6)特別な配慮を要する幼児への指導

　障害のある幼児への指導に加えて、海外から帰国した幼児等の幼稚園生活への適応なども含めた特別な配慮を必要とする幼児への指導についての内容が充実された。

　障害のある幼児などへの指導として、障害者の権利に関する条約や障害者差別解消法を踏まえ、家庭や医療機関、福祉施設などの関係機関と連携し、様々な側面からの取組を示した計画（個別の教育支援計画）や指導の目標や内容、配慮事項などを示した計画（個別の指導計画）の作成・活用に努めることが加えられた。地域、社会全体で子どもの育ちや子育て家庭を支援していく体制づくりとして、幼稚園等の就学前施設への期待が伺える。

　海外からの帰国だけでなく、今後も外国にルーツをもつ幼児は増加していくことが予想される。生活に必要な日本語の習得に困難のある幼児が安心して自己を発揮できるような配慮や指導内容、指導方法の工夫が必要であり、それらは組織的かつ計画的に行われることが重要である。

(7)カリキュラムマネジメントの実施と全体的な計画の作成

　図2-6に示すように各園では、設定した教育目標を実現するために教育課程を編成している。教育課程編成にあたっては、幼稚園教育要領に基づくことや幼児の姿や地域の実情等を踏まえることが大切である。この教育課程を幼児の実態に応じながら具現化した指導計画に沿って日々の教育・保育が実施され、指導の評価や反省によって指導計画や教育課程を見直し改善する。

　以上のように、教育課程を編成し、実施し、評価し、改善を図る「カリキュラム・マネジメント」の実現は、教育・保育の質の向上のために極めて重要である。この「カリキュラム・マネジメント」を充実させるために幼児の生活全

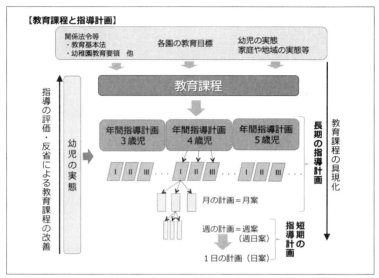

図2-6　教育課程と指導計画

（「幼稚園教育指導資料第1集　指導計画の作成と保育の展開　文部科学省」を参考に筆者が作図）

体を見通しをもって把握することが必要であり、教育課程を中心に教育時間の終了後等に行う教育活動の計画、学校保健計画、学校安全計画などと関連させ、一体的に教育活動が展開されるよう、登園から降園までの幼児の生活全体を捉えた「全体的な計画」を作成することが求められている。

2.「ねらい及び内容」の改訂

　5領域のねらい及び内容については、前要領の趣旨が引き継がれているが、今回の改訂によって明確化された「幼稚園教育において育みたい資質・能力」と「幼児期の終わりまでに育ってほしい姿」との関連において修正されたり、加えられたりした。文部科学省による「幼稚園教育要領解説」より、「ねらい及び内容」の改訂の要点を以下に示し、これを受けて各領域においてどのように指導していくことが求められているのか、その具体的な指導法については本書の各章にて解説する。

(3)「ねらい及び内容」の改訂の要点

　第2章では，「ねらい」を幼稚園教育において育みたい資質・能力を幼児の生活する姿から捉えたもの，「内容の取扱い」を幼児の発達を踏まえた指導を行うに当たって留意すべき事項として新たに示すとともに，指導を行う際に「幼児期の終わりまでに育ってほしい姿」を考慮することを新たに示した。

①領域「健康」

　見通しをもって行動することを「ねらい」に新たに示した。また，食べ物への興味や関心をもつことを「内容」に示すとともに，「幼児期運動指針」（平成24年3月文部科学省）などを踏まえ，多様な動きを経験する中で，体の動きを調整するようにすることを「内容の取扱い」に新たに示した。さらに，これまで指導計画の作成に当たっての留意事項に示されていた安全に関する記述を，安全に関する指導の重要性の観点等から「内容の取扱い」に位置付けた。

②領域「人間関係」

　工夫したり，協力したりして一緒に活動する楽しさを味わうことを「ねらい」に新たに示した。また，諦めずにやり遂げることの達成感や，前向きな見通しをもつことなどを「内容の取扱い」に新たに示した。

③領域「環境」

　日常生活の中で，我が国や地域社会における様々な文化や伝統に親しむことなどを「内容」に新たに示した。また，文化や伝統に親しむ際には，正月や節句など我が国の伝統的な行事，国歌，唱歌，わらべうたや伝統的な遊びに親しんだり，異なる文化に触れる活動に親しんだりすることを通じて，社会とのつながりの意識や国際理解の意識の芽生えなどが養われるようにすることなどを「内容の取扱い」に新たに示した。

④領域「言葉」

　言葉に対する感覚を豊かにすることを「ねらい」に新たに示した。また，生活の中で，言葉の響きやリズム，新しい言葉や表現などに触れ，これらを使う楽しさを味わえるようにすることを「内容の取扱い」に新たに示した。

⑤領域「表現」

　豊かな感性を養う際に，風の音や雨の音，身近にある草や花の形や色など自然の中にある音，形，色などに気付くようにすることを「内容の取扱い」に新たに示した。

（幼稚園教育要領解説より抜粋）

3.「教育課程に係る教育時間の終了後等に行う教育活動などの留意事項」の改訂

　幼稚園は、預かり保育や子育ての支援を通じて、幼児期の教育センターとしての役割を果たし、施設や機能を開放してきた。今回の改訂では、このような預かり保育など教育課程に係る教育時間終了後等に行う教育活動の計画を作成する際には、地域の人々との連携などチームとして取り組むことや、子育ての支援について、心理士、小児保健の専門家、地域の子育て経験者等と連携・協働しながら取り組むことの重要性について新たに示されている。

　最後に、3歳以上の教育・保育内容については、幼稚園、保育所、認定こども園とも共通であるが、在園期間や時間、対象年齢の違いなどにより特有の留意点もある。「保育所保育指針」改定のポイント、①乳児・3歳未満児保育の記載の充実、②保育所保育における幼児教育の積極的な位置づけ、③子どもの育ちをめぐる環境の変化を踏まえた健康及び安全の記載、④保護者・家庭及び地域と連携した子育て支援の必要性、⑤職員の資質・専門性の向上について、並びに、「幼保連携型認定こども園教育・保育要領」改訂のポイント、①在園期間や時間等が異なる多様な園児がいることへの配慮、②2歳児から3歳児への移行に当たっての配慮、以上の点についても、その背景となっている事柄についての理解を深めておくことが大切である。

（澤ひとみ）

課題1　「子ども・子育て支援制度」における就学前施設の役割について記しなさい。
課題2　幼稚園教育要領の改訂ポイントを踏まえ、求められている幼児教育・保育の内容について記しなさい。

参考図書
無藤 隆・汐見稔幸・砂上史子著『ここがポイント！3法令ガイドブック』フレーベル館 2017
泉千勢編著『なぜ世界の幼児教育・保育を学ぶのか　子どもの豊かな育ちを保障するために』
　ミネルヴァ書房 2017

第3章　保育内容の指導法「健康」

　社会の変化は、子どもを取り巻く生活環境と遊びを大きく変化させてきている。地域で友だちとかかわりながら遊んだり、戸外で体を動かしたり、自然体験をする機会が減ったりと「子どもの育ちの危うさ」が指摘されて久しい。保育の現場ではさまざまな背景をもつ子どもたちが生活を共にしている。保育者は子どもを取り巻く環境の変化を敏感に把握しながら、日々の保育のなかで子どもに保障すべき体験の内容を考えていかなければならない。

　本章では、子どもの心と体を健康的に育んでいくために修得しておくべき子どもの「健康」に関する理論と実践を解説する。

　1．幼児の健康のとらえ方と幼児期における心身の発育・発達の面を、医学的な観点を含め解説する。

　2．幼児期の子どもに体験させたい身体活動および援助のポイントを解説する。

第1節　領域「健康」と幼児期の心身の発育・発達

1．領域「健康」とは

⑴健康の定義

　世界保健機関（WHO：World Health Organization）は、その憲章前文の冒頭で「健康とは、身体的、精神的並びに社会的に完全に良好な状態であって、単に疾病や虚弱でないというだけではない」と、健康を定義している。

　一般的に健康観というと、主に身体的な健康に焦点が当たりがちだが、今日的な課題から考慮すると身体的な側面に加え、精神的健康、社会的健康といった3つの視点で捉えていかなければならない。

(2)幼児の健康

本章で解説する「健康」は、保育の５領域（健康、人間関係、環境、言葉、表現）のなかでも特に子どもの生活において基本的要素で構成されていることから、他の領域に示されているねらいを達成するための基盤となったり、活動そのものの展開を支えたりといった各領域の土台的な役割を担う側面がある。「幼児期の終わりまでに育ってほしい姿」では、はじめに「健康な心と体」があげられており、子どもの遊びや生活を充実させるためには、何より心身の健康を保持、増進しなければならない。

(3)領域「健康」のねらい

幼稚園教育要領（以下本章では要領）、保育所保育指針（以下本章では指針）、幼保連携型認定こども園教育・保育要領（以下本章では教育・保育要領）について、３歳以上の幼児の保育における領域「健康」では、①明るく伸び伸びと行動し、充実感を味わう。②自分の体を十分に動かし、進んで運動しようとする。③健康、安全な生活に必要な習慣や態度を身に付け、見通しをもって行動する。といったねらいがある。

２．幼児期における身体の発育・発達

(1)子どもの体格

新生児の頭部の長さは身長の約25％であり、からだ全体に対する頭部の割合は比較的大きい。出生時に未熟な部位ほど、出生後はよく発育していくといわれている。

①身長

一般的に身長は、出生時約50cmである。その後、１年で約25cm伸び、約75cm程度になる。これは、一生のうちで最も発育が顕著である。その後、25cm伸びるには約３年前後を要する。

一般的に身長の高い子どもは、体重が重く、全身的な運動能力が優れ、生活習慣が好ましいことも考えられる。一方で、身長が低い子どもは栄養や運動、睡眠、ストレスなどの生活習慣を見直す必要がある。

②体重

一般的に新生児の体重は約３kgである。その後１年程で出生時の３倍の約９kgになり、以後３年間で約６kg増加する。子どもは、体重の増加よりも身長の

発育が先行し、体重の増加は、身長と比較して、より環境要因を受けやすい。

　③発育の判断基準

　子どもの発育経過が順調であるかどうかの判断基準として、身長、体重の数値を用い、表3-1は、カウプ指数とローレル指数等で発育の程度を示している。

　カウプ指数とは、乳幼児の（3か月〜5歳）発育状態の程度を表す指数のことである。

　カウプ指数＝体重（kg）÷身長（cm）^{2}×10^{4}で算出する。

　ローレル指数とは、児童の肥満の程度を表す指数のことである。なお、高校生以上は、一般的にボディマス体格指数（BMI）を使用する。

　ローレル指数＝体重（kg）÷身長（cm）^{3}×10^{7}で算出する。

　ボディマス体格指数は、高校生以上の肥満度を評価するための指数で、22（疫学上最も健康問題が少ない指数）が成人の標準とされている。

表3-1　各種判定基準一覧（出所：筆者作成）

判　定	カウプ指数	ローレル指数	ボディマス体格指数
やせ	13未満	100未満	18.5未満
やせぎみ	13〜15未満	100〜115未満	
正常（標準）	15〜18未満	115〜145未満	18.5〜25未満
肥満ぎみ	18〜20未満	145〜160未満	
肥満	20以上	160以上	25〜30未満
高度肥満			30以上

⑵子どもの神経系の発達

　最新の研究では、人間の体は約37兆個の細胞や組織から構成されているとされる。これらが一定の秩序によって働くことで人間は生命を維持している。一般的に幼児期に最も発達するのは神経系で、中心的働きをする中枢神経系と、体の各部を連絡して動かす末梢神経系から構成される。表3-2は、神経系の部位と主なはたらきを示している。

表3-2　神経系の部位と主なはたらき（出所：筆者作成）

各部位				主なはたらき
中枢神経	脳	大脳	大脳半球	新皮質	（よりよく生きるための）適応力、創造力
				旧皮質古皮質	（たくましく生きるための）欲求、情動
			脳幹	間脳	自律神経の制御欲求等の制御免疫等の制御
				中脳	視覚、聴覚
				橋	顔の筋肉、味覚、嗅覚眼球運動
				延髄	呼吸、消化、循環
		小脳		古小脳	体の平衡
				新小脳	筋肉の緊張筋肉群の協同運動の調節
		脊髄			刺激を伝える反射機能
末梢神経	体性神経（脳脊髄神経）			知覚神経	刺激を伝える
				運動神経	運動命令を出す
	自律神経（内臓神経）			交感神経	仕事、活動
				副交感神経	睡眠、休養

⑶子どもの循環器系・消化器系の発達

　幼児期は「動く時代」といわれ、子どもはとにかく走り回ることが好きである。この行動はある種、生理的な意味を持ち、動き回ることで心臓よりも遠い足先までしっかり血液を循環させている。それは、幼児期の子どもは相対的に血液量が少なく、常に動くことで血液の循環を促進し、血液不足を補っていることに由来している。

　乳幼児期の子どもの胃は、体格に相応するためその容量は小さい。しかし、乳幼児期の子どもは、発育上成人の３倍にあたるエネルギー量と水分量が必要であるといわれている。胃の容量が小さいため、一度の食事で摂取できる量には限界があることから、午前午後のおやつが実は重要になってくる。

　子どもの栄養過多、栄養偏重等を鑑み、決して糖質に偏ったおやつや食事にならないように大人が注意しなければならない。

⑷子どもの運動の発達

　運動は、基本行動であり、その発達は子どもの発達診断の指標となる。

　基本的な運動には、随意運動がある。随意運動は、主として神経系と骨格筋系の双方が相乗しながら発現するが、子どもを取り巻く環境によっても誘発される。つまり、随意運動は意志をもった動きであり、一種の知的な営みである。また、発達的に異常がないことも表している。

　本質的な運動は、粗大運動と微細運動に分けられる。粗大運動は、全身の大筋群運動であり、出生時からの発達からみると、定頸、寝返り、ひとりすわり、はいはい、つかまり立ち、ひとり歩きといった一定の順序で徐々にできるようになっていく。微細運動は、主に手指を使った小筋群運動であり、巧緻運動ともいわれ、手のひらで把握する、拇指と人差し指でつまむ、積み木を積むといった順序で発達し、大ざっぱな動きから細やかで丁寧な協調的な動きができるようになっていく。

⑸子どもの心の発達

　運動遊びは、子どものさまざまな感情を誘発する。楽しい、おもしろい、できた、嬉しいなどの快（好ましい）の感情は、豊かな表情や表現を生み出し、安定した情緒につながる。逆に、怖い、できない、悔しい、悲しい、楽しくないなどの不快（好ましくない）の感情は、ポジティブな観点ではどうすればよかったのか、次はどうしようかといった失敗体験を解決したり、克服したりするといった学びを体験できる。しかし、ネガティブな観点では、情緒不安定や運動嫌いにつながるといったその後につながる負の要素を多分に含んでいることもあるので保育者は適切な対応をしなければならない。

3．幼児期における基本的生活習慣

⑴基本的生活習慣とは

　基本的生活習慣は、「生きる力」を育む基盤であり、社会生活を営むうえで欠かせないものである。保育者は、幼少期から「一人でできる」を目標に援助していかなければならない。保育者は基本的な生活習慣を定着、習得のために毎日同じことを繰り返さなければならない。そのため保育者自身の忍耐力と飽きないための保育内容の工夫がおのずと必要になってくる。子どもは基本的生活習慣を習得することができ、結果として一人でできるようになっていく。

(2)食事

ヒトは誕生後、数時間後には乳汁の摂取がはじまる。5～6か月頃には、離乳食がはじまり、乳児は、乳汁以外から栄養を摂取するようになる。18か月頃になると離乳食が終わり、自分で食べ物を口に運ぶようになる。また、少しずつスプーンやフォークなどの食具を扱いながら手づかみ食べもはじまる。この手づかみ食べは、単純にむさぼり食べているのではなく、食べ物の感触や口の位置、ひと口の量を確認しているので、しっかり習得することは食習慣自立のための第一歩となる。2歳を過ぎると箸を使うようになる。箸を使うことで、手先の器用さが必要になってくる。

(3)睡眠

新生児の一日はほとんどが睡眠である。2～3時間おきに数十分の覚醒と睡眠を繰り返し、生後4か月頃までに昼夜のリズムを形成し、次第に睡眠は夜間に集中するようになっていく。子どもの大脳は成人と比較して未完成の状態である。大脳は睡眠をコントロールしていることから、子どものうちは睡眠そのものが未完成の状態で、睡眠することで脳を発達させる側面もある。このことを大人が認識していないと、夜型の生活習慣に子どもを引き込み、適切な睡眠習慣が確立されないまま成長し、脳や体の発育を阻害してしまうこともある。睡眠にはメラトニンというホルモンが関連していて、日光などの光量がホルモンの分泌量を調整している。また、このメラトニンは、睡眠だけではなく抗酸化作用や性的成熟を抑える作用がある。特に、1～4歳頃までは人間の一生のうちでメラトニンが最も多く分泌され、「メラトニンシャワー」とも称される。就寝時間が遅く、明るい環境下での睡眠はこのメラトニンの分泌が抑制されるため、就寝する時間帯や環境を整えることは大変重要である。

(4)排泄

生まれてから1歳頃までの乳児期では、大脳皮質で尿意を意識することができないため、膀胱内に一定量の尿が溜まると反射的に排尿する。1歳頃になると尿意を感じられるようになるが、排尿を抑制することができず漏らしてから動作や言語で周囲に知らせる。2歳を過ぎると排尿を少し我慢できるようになり、自分の意志で排尿するようになる。この頃になると昼間は漏らさなくなり、3歳半頃から筋力と体力の向上に伴い、力み方を覚え、一人で排尿することができるようになる。4歳半を過ぎると膀胱内の尿の量に関わらず、自分の意志

で排尿をすることができるようになるなど成人と同じような排尿調節ができるようになる。

　乳児期は排便も同様に大脳皮質で便意を感じるが自力で排便することは難しく、1歳を過ぎた頃にようやく便意の知覚ができるようになる。

　一般的に排泄のしつけは、生理的な発達が関係し、個人差が大きいことを保育者は理解しておかなければならない。排泄をコントロールする大脳皮質が成熟し、排泄の間隔が約1時間半～2時間以上になればトイレトレーニングに取り組んでいくタイミングである。また、乳幼児の手足のサインや表情、言動をよく観察し、タイミングよくトイレに連れていったり、声かけをしたりするなどの配慮はこの時期を担当する保育者は十分認識しておく必要がある。

⑸清潔

　子どもの快適な生活、病気の予防、健康増進のために身体を清潔に保つことは重要である。近年では、抗菌グッズが幅広く使用され社会全体が清潔を重要視している傾向にある。教育の普及により健康や清潔に関する知識の獲得は、衛生管理の習慣を大きく変化させてきた。しかし、このことが子どもの抵抗力低下につながっているともいわれている。

　感染症予防のために手洗い・うがいは欠かすことができない最も基本的な衛生管理の一つである。手洗いを行う機会は一日のなかで複数回（食事前後、排泄後、戸外あそび後など）あるので、子どもが興味をもち、楽しいものになるように歌をうたいながら手洗いするなど工夫したいものである。

　うがいは医学的には含嗽（がんそう）といわれ、一般的にのど本来がもつ防御機能を高める。のどの粘膜機能が回復、活性化し虫歯やインフルエンザなど口腔を介する感染の予防に効果がある。また、口臭予防も期待できる。

　うがいには2種類の方法があり、口腔内を清潔にする「ブクブクうがい」と喉を清潔にする「ガラガラうがい」がある。ブクブクうがいは、口の中に水を適量溜め、頬の左右を動かすことを真似させながら指導する。ブクブクうがいができるようになったら、ガラガラうがいを練習させる。適量の水を口に含んで上を向き、口を開け息や声を出す練習をさせる。

第2節　幼児期の身体活動と援助

1．子どもの運動あそび

⑴「あそび」と「運動」

　子どもにとってあそびは生活のすべてといっても過言ではない。一人あそびからはじまり、集団あそびへ移行していくなかで、子どもはさまざまな体験を通して、心身共に成長していく。一方で、早期からの塾通いや習い事、交通事情や地域環境、子どもを狙った犯罪の増加などで戸外あそびをして体を動かす機会は減少している。

　これらは近年、子ども同士のあそびの「時間」「空間」「仲間」の減少、保護者が子どもにかける「手間」の減少、地域から疎外していく「世間」から、「五間」の減少といわれている。

　近年では、早寝早起きをする子どもは、そうではない子どもと比較して日中の運動量が明らかに多いという研究結果が報告されている。体を使った基本的なあそびは、そのまま運動につながっていく。しかし、室内あそびのように運動的な移動がなく、狭い範囲内でしか活動しないあそびは結果的に運動にはつながっていかないということを保育者は認識しておかなければならない。

⑵「あそび」と「運動」の発達的意義

　体を使いあそぶことは、発達という側面からみて重要な意義がある。基本的には身体的発達、精神的発達、知的発達、社会的発達の4つの側面を促進することができる。身体的発達とは、幼児期は神経系の発達が著しく、協応性、平衡性などの調整力が身につく。精神的発達とは、あそびのなかで自分の感情を言語や動作で表現することで、心を安定させたり、情緒を安定させたりすることができる。知的発達とは、あそびながらさまざまな創意工夫をすることで、空間的概念や時間的概念、数量的概念、力量的概念などを自然に身につけていく。社会的発達とは、他者との関係を意識し、友だちと一緒にあそぶことを意識すること、あそびのルール、それぞれの役割などを感じることで集団のなかの一員としての自覚が芽生える。子どもはこうした体験を通して、まず小さいコミュニティのなかでの社会性や道徳性を学ぶことができる。

　また、「あそぶ」という行動は子どもの大脳、特に前頭葉の発達には不可欠

である。あそぶことは仲間とのコミュニケーション、ルールの理解、情動の抑制、楽しいと感じる精神状態はすべてにおいて大脳を刺激している。つまり、子どものあそびは身体的な発達だけではなく、大脳そのものを育てる重要な行動であることを十分理解したうえで、保育にあたってほしい。

２．運動あそびの実践と援助

⑴基本あそび

　幼児期は脳を含めた神経系の発達が著しい時期である。この時期に基本的動作を身につけることは小脳の発達を促すことになり、基本的動作を身につけるには最も適した時期、特別な時期ともいえる。この時期を逃すことは、その動作の獲得ができなくなったり、極めて困難になったりすることを意味している。

　基本あそびとは、運動の基本となる「歩く」「走る」「跳ぶ」「投げる」「蹴る」などの動作語で示すことができる。表3-3は、運動時の姿勢や動きから「安定性」「移動」「操作」の３つのカテゴリーに分類し、その組み合わせは、84種類を示したものである。

　乳幼児期において、歩く、走る、跳ぶといった身体を使ってあそぶことはすべての運動の基礎となる重要な要素である。身体であそぶことで他者、空間、環境への意識が生み出されていく。遊びをより豊かにするものとして、遊具のような物的環境がある。また、昔から伝えられてきているお手玉やメンコ、ケン玉、鬼あそびなどの伝承あそび、その場で感じた気持ちや感覚を自由に表現する表現あそびも乳幼児期には必要な遊びである。そのためには、関わり方が保育者にとって重要になってくる。具体的には、「人、物、自然」の3つがあげられる。この３つを組み合わせてあそび方を考えるとよい。幼児期でも小学校入学前ともなると、心身ともに発育、発達してくるのであそび方もより工夫が必要になってくる。この時期に身につけさせたい基本運動スキルとしては、移動系、平衡系、操作系、非移動系の４系統があり、４系統のスキルをバランスよく組み合わせながら運動体験をさせたい。

表3-3　基本的な運動動作と分類

カテゴリー	動作の内容	個々の動作（難易度）		
		易	中	難
安定性	姿勢変化 平衡動作	立つ・立ち上がる かがむ・しゃがむ 寝る・寝転ぶ 回る・転がる	起きる・重なる 起き上がる 組み合わさる 乗る・乗りまわす	逆立ち・渡る 歩き渡る ぶら下がる 浮く
移動	上下動作	登る・上がる 飛び乗る・跳びつく 下りる・降りる	跳びあがる 這いのぼる よじのぼる	跳びおりる すべりおりる 跳び越す
	水平動作	歩く・這う 泳ぐ　踏む	滑る・走る スキップ 2ステップ	ギャロップ 追う・跳ぶ 追いかける
	回転動作	交わす・隠れる くぐる・くぐりぬける	潜る・逃げる 逃げ回る　止まる	入る 入り込む
操作	荷重動作	担ぐ・支える 運ぶ・運び入れる 持つ・持ち上げる	動かす・漕ぐ 起こす・引き起こす 押す・押し出す 押さえる 押さえつける	突き落す 投げ落とす 背負う おぶさる
	脱荷重動作	下ろす・浮かべる 抱えて下ろす	下りるもたれる	もたれかかる
	捕捉動作	掴む・捕まえる 止める・当てる 投げ当てる ぶつける・入れる 投げ入れる	受ける 受け止める 渡す 振る・振り回す	回す・積む 積み上げる 転がす 掘る
	攻撃的動作	叩く・突く 打つ・打ち上げる 打ち飛ばす 割る・投げる 投げ上げる	崩す 蹴る・蹴り飛ばす 倒す・押し倒す 縛る・縛りつける 当たる・ぶつかる	引く 引っ張る 振り落す すもう

（出所：財団法人体育科学センター1980年　筆者一部改編）

(2)集団あそび

　子どもはあそびを通して成長するといわれるが、なかでも複数人であそぶ「集団あそび」は子どもの身体的発達、精神的発達、社会的発達、知的発達を促進することができる。集団あそびは子ども自身が自分の能力を考え、選択し、参加するあそびである。子ども同士が、複数人であそぶという行為を通して、思考、気づき、工夫、話し合い、伝え合い、助け合い、役割を決める、など多くの力が育まれていく。集団あそびにおける「あそびの特性」は、基本的運動パ

ターンをもとに、走力、投擲力、巧緻（協応）性、判断力・思考力、社会性の
6 項目を主に評価しながら実践するとよい。

　なお、巧緻（協応）性とは、素早く動くことができる力、判断力・思考力とは、
その場の状況判断や創意工夫ができる力、社会性とは、規律やルールを守ろう
とする態度のことを示している。

（吉井英博）

課題1　幼児期に必要な基本的生活習慣について起床から睡眠までの理想的な一日
　　　　の流れを考えてください。
課題2　「あそび」から獲得できる発達的な意義を具体的に記してください。

参考図書
吉井英博・矢野正編著『アクティブラーニングのための体育科教育法─理論と実践─』三恵
　社 2018
前橋明編著『コンパス保育内容「健康」』建帛社 2018
春日晃章他編『保育内容健康（第2版）』みらい 2018
勝木洋子他編『子どもと健康（第2版）　保育者をめざすあなたへ』みらい 2019

第4章　保育内容の指導法「人間関係」

　人間は社会的な動物であり、人とのかかわりをなくして発達することはできない。保育内容の領域「人間関係」は、幼稚園教育要領などにおいて「他の人々と親しみ、支え合って生活するために、自立心を育て、人と関わる力を養う」とされており、他のすべての領域の活動を支える基盤となるものである。本章では、領域「人間関係」の指導法の基礎として、発達の側面から乳幼児期の人間関係の発達について解説する

1. 対人関係を支える個々の自立心の芽生えや、共同性や道徳性の芽生えについて解説する。
2. 人とのかかわりを支える愛着関係の発達について説明する。
3. 「社会情動的スキル（非認知能力）について理解を深める。

第1節　乳幼児の発達と領域「人間関係」

1. 領域「人間関係」とは

　領域「人間関係」は「他の人々と親しみ，支え合って生活するために，自立心を育て，人と関わる力を養う」領域である。そのねらいは3つあげられているが一つ一つで達成を目指すものでなく、相互に関係しあっていて子どものさまざまな活動を通した体験の積み重ねのなかに包含されているものである。人と関わるということは、実際の体験から身につけていくもので、園だけでの体験ではなく、家庭や地域での体験とも連続性をもっている。身近な大人と信頼感を育むことや、他者の気持ちを想像する力の発達、自己主張と自己抑制の発達は、自己を確立し人間として豊かな生活を営む力の土台である。これらを幼

児教育が重視する幼児期にふさわしい生活や遊びを通した総合的な指導で、一人ひとりの特性に応じて展開されなければならない。

2．「幼児期の終わりまでに育ってほしい姿」と領域「人間関係」

　幼稚園教育において育みたい資質・能力として、「知識及び技能の基礎」「思考力，判断力，表現力等の基礎」「学びに向かう力，人間性等」の3つのことが掲げられている。幼稚園教育要領の、『第1章　総則、第2　幼稚園教育において育みたい資質・能力及び「幼児期の終わりまでに育ってほしい姿」』のうち、領域「人間関係」に主に関わるものは、「自立心」「協同性」「道徳性・規範意識の芽生え」「社会生活との関わり」である。

⑴自立心

　「自立心」は、領域「人間関係」の中核であると同時に、幼児教育の中核でもある。そして、小学校以降の「学びに向かう力」に直結している。主体的に活動を楽しむということは、自分のやりたいことを自分で選び取っているということであるが、自分の力で行い考えて物事を達成することは「自尊心」にもつながる。また諦めずにやり遂げる経験は、「忍耐力」や「自己抑制」ともかかわる経験となるだろう。これらの経験からは、主体的に活動を楽しむということは、目的を持つことへの情熱を培うものとなる。

⑵協同性

　「協同性」は、領域「人間関係」の内容の取扱い『⑶「共通の目的」は常日頃の子どもたちの遊び、生活から生まれるもの。人と協力する楽しさ、面白さ、互いの満足感のために工夫して、協力するやり方を身につける』と関わるものである。保育者は、子どもたちの活動の結果の完成度ではなく、協力やイメージの具体化のために共に工夫する過程に注目する姿勢が求められ、また、過程から子どもの成長していく姿を養育者に伝えることが専門性である。

⑶「道徳性・規範意識の芽生え」

　「道徳性」や「規範意識」の芽生えは、自己意識が確立されたうえに、他者の心の存在を理解することが前提となり、自分の行動や他者の行動をとらえられる必要がある。他者と関わる中では、葛藤やつまずきも体験する。これはルールや思いやりの必要性に気づくことにつながっていく。お互いの思いがぶつかったときの折り合いと、ルール作りの経験の積み重ねから、「道徳性」や「規

範意識」は発達していく。

⑷社会生活との関わり

　ブロンフェンブレナー (Bronfenbrenner,U.) の生態システム理論が、個人を取り巻く周囲の環境と相互作用して人は発達すると提唱しているように、子どもの発達段階に応じてより上位のシステム要素が、生活の中に組み込まれていく。生活の中でさまざまな人と出会い、繰り返されることを通して、自分の思いや考えを表現し共に楽しみ、共感しあう体験を通じ、生活のすぐそばで深まっていく関係性に気づき、興味、関心を持つことが幼児期には必要である。

3. 領域「人間関係」と「社会情動的スキル」

　経済学者ヘックマン (Heckman,J.J.) が2015年に発表した、アメリカにおける幼児教育の効果に関わる長期縦断研究のデータを再分析した研究で、幼児教育の経済効果として学習への意欲・姿勢や努力・忍耐などを含む「社会情動的スキル（非認知スキル）」の向上が、後の貧困率や犯罪率を下げる要因の一つであることがわかった。OECD（経済協力開発機構）においても、乳幼児期から児童期にかけて、認知的なスキルと共に、「社会情動的スキル」を育てることが子どもたちの成長と、同時に将来の経済格差による個人間の格差を減らすことに貢献すると提唱している。

　「社会情動的スキル（非認知能力）」は「目標を持つこと」「意欲を持つこと」「粘り強さ」「工夫する力」「仲間との協調・協働する姿勢」等、達成の基準が明確ではなく、それは文脈によって変化するものとされている（図4-1、図4-2）。「認知能力」はIQとして数値で表されるのに対し、「社会情動的スキル（非認知能力）」は、数値化できない能力・スキルである。

　領域「人間関係」では、ねらいの中に「自分の力で行動すること」や「工夫」、「協力」ということが明記されている。また内容にも「やり遂げようとする気持ち」「目的を見いだす」ということが含まれていて、領域「人間関係」は、「社会情動的スキル」を育むことに深く関係している。「認知能力」は結果が見えやすいが、「社会情動的スキル（非認知能力）」は結果が見えにくく、養育者は結果の見えやすい「認知能力」に関わる事柄に視点が向きやすい。しかし、「認知能力」を育むには、課題に対して興味関心を持ち、意欲的に粘り強く取り組む姿勢が必要である。「認知能力」に働きかける活動と「社会情動的スキル（非

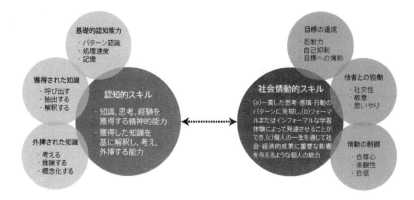

図4-1　認知能力、社会情動的スキル（非認知能力）のフレームワーク

出所：池迫浩子他（2015）　家庭・学校・地域社会における社会情動的スキルの育成　p.13

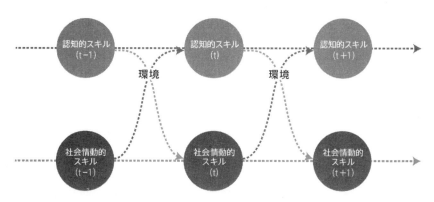

図4-2　認知能力と社会情動的スキル（非認知能力）の動的相互作用

出所：池迫浩子他（2015）　家庭・学校・地域社会における社会情動的スキルの育成　p.13

認知的能力）」に働きかける活動のバランスが取れてこそ、子どもの生涯にわたる課題解決力につながっていくである。

第2節　人間関係を支える力の発達

1．道徳性と規範意識の発達

⑴道徳性の発達

　道徳性とはその社会の人々が共通して持っている価値観で、その社会を構成する人々の間で相互の行為の善悪を判断する基準として、一般的に捉えられている規範のこととされている。法律のように外面的強制力を伴うものではない。他者だけでなく自分にとっても、善悪を考え行動する道徳性は社会生活の中で欠かせない。

　幼児期は、自発的な遊びの中で自分なりの目標を持って、主体的に取り組むことが重要な活動である。他の幼児や保育者と共に生活し、体験することを通し、他者との調和、自分の欲求、感情に対して受容的、共感的に理解したうえで、行動を自分で調整し、共によりよい未来を作っていこうとする力の芽生えを大切に培っていくことが、道徳性の発達につながる。

　子どもは他者との関係の中で、時に互いの思いがぶつかり、けんかやいざこざを経験することにもなる。しかし、けんかやいざこざを通して、譲り合いや思いやりの大切さに気づいていく。道徳性は形ばかりの仲良しでは育まれない。けんかやいざこざでの葛藤やつまずきは問題ではなく、人間関係を育む核となる。

⑵規範意識の発達

　規範意識とは、社会や集団生活でのルールを守ろうとする意識である。幼児にとってルールを守ることは、園生活でのものや場所の使い方や、友だちとの遊びそのものに存在する明確に決められているルールと、遊びの中で必要に応じて生み出されるルール、また、交通ルールのような社会全体と関わりのあるものがあげられる。園生活でのルールや交通ルールを守ること以上に、実際の体験の繰り返しによって洗練されていくのが、友だちと一緒に体験する遊びでのルールである。お互いの思いを尊重することや、折り合いをつける体験、決まりを守ることで楽しく遊べることへの気づきを繰り返し体験し、子どもたちが相互に自ら規範を守ろうとしていくプロセスへの見守りや適切な働きかけが必要である。

　この時に留意したいのが保育者のかかわりである。幼児期はまだ、道徳性の項でも述べたように自己中心的な視点から善悪の判断をしがちである。他の子の行動に、「先生がダメって言ってたよ」「先生に言うよ」と互いに指摘しあうことがある。幼稚園教育要領解説において、教師の役割の一つとして「幼児は，教師の日々の言葉や行動する姿をモデルとして多くのことを学んでいく。善悪の判断，いたわりや思いやりなど道徳性を培う上でも，教師は一つのモデルとしての大きな役割を果たしている」が挙げられている。基本的に幼児は他律的で、大人の言うことが正しく、言われた、しかられるということを基準にきまりに従う傾向がある。保育者の言動に一貫性がなく、特定の子どもへの注意、指導が目立つような対応であったりすると、子どもはそれをモデルとして、特定の子どもに対して厳しく行動を指摘することにもつながりかねない。危険や人が傷つく行為には、正しく理解させる対応は必要であるが、常に自らの言動が子どもに大きな影響を及ぼすことを忘れてはならない。

2．いざこざやけんかの持つ意味

⑴いざこざやけんかの年齢による変化

　2歳頃からいざこざやけんかが増加する。いざこざやけんかは子どもが人との関係性を学んでいくうえで避けては通れないものであり、この体験は非常に大きな学びをもたらすものでもある。2歳頃は自我の芽生えに伴い、自分の思いもはっきりと出始める。それは自分中心の欲求で、遊びたいと思ったおもちゃを他の子が使っていれば、叩いたり噛んだり、泣いて訴えたりする。言葉は話せるようになってきているが、獲得している言葉では思いを十分に伝えられない。しかし、単純にほしい、やりたいとの思いなので、同じものであれば満足し、落ち着けることも多い。3歳頃にかけては、物や場所をめぐるトラブルがさらに増加していく。機能が同じおもちゃでも、例えば色に意味があり、違うと納得できないという難しさも出てくる。一方、身体的攻撃で訴えることも多いが、少しずつ「貸して」や「ちょうだい」「かわってね」など言葉でやり取りもできるようになる。4歳児はいざこざのピークの時期でもある。言葉での伝え合いで交渉ができるようになる一方で、どのように遊びたいかという目的の実現のために折り合えないことがしばしば起きる。遊びの中で他の子どもと「イメージ（表象）」を共有できなかったからである。しかし、イメージを共有

できなかった体験は、他者の考えやイメージの存在を知り、それをふくめてより良くすることを考えることにつながっていく。5歳をすぎると、約束破りや、ルール違反からいざこざとなり、言葉での攻撃が中心となる。強い口調での注意や、喧嘩腰の言い方から、双方、強い口調や口喧嘩の応酬となってしまう。その一方で、トラブル解決にも果敢に挑戦するようになる。周囲で見ていた子どもが状況を伝えようとすることや、じゃんけん、順番にするなどルールを作り始める。これは、他者に考えや思いがあるということが理解できてきているからこそ、折り合える方法を探る姿勢が芽生えてきている姿である。道徳性や規範意識とも関係するし、解決方法を探すことは自立性とも関係する。

　いざこざやけんかを通し、自分とは異なる他者の考えや思いに触れ、他者理解の力が育ち、他者理解と同時に自己表現も必要となり、そのためには自分がどのように考えているか、どうしたいのかを自分で理解する自己理解の力にもつながる。また、言葉での説明や交渉、出来事の文脈を読みとることは言語能力も育む。そして伝え、わかり合っていくためには、先を見通す力も必要である。それぞれに思いを伝え合うには自己主張と自己抑制が必要で、この2つのバランスのよい自己制御の力を身につけていくことにつながる。自分の思いや考えを通そうとするなかでは対立と衝突が起き、時に妥協することも必要で、子どもたちがこれらの課題を乗り越えるには、保育者が理解し、支えていく保育を心掛けなければならないのである。

⑵いざこざの場面で　～事例から考える～

【事例1-1】女の子5人の仲良しグループ（5月）

　5歳児のゆり組には、女の子5人の仲良しグループがある。その中の、ハナはリーダー的存在で役割や何をして遊ぶのかはハナが決めた通りになる。対して、ユキはおとなしく、誰に対しても、おもちゃややりたいことを譲ってあげるのだが、いつもハナの言うとおりにして遊んでいた。今日は、5人はままごとをすることになった。5人のままごとはいつも、ハナが必ず"お母さん"役である。"赤ちゃん"役と"ペット"の役は人気で、一番誰もやりたがらないのは"お父さん"役である。みんな口々にやりたい役を言い、ユキはみんながやりたがらない"お父さん"役を、今日も引き受けることになった。ところが、遊びが始まっても、ユキは歯を食いしばり、今にも泣きだしそうな顔をして、じっと立ったまま動こうとしなかった。そのことに気づいたハナや他の子どもたちは、ユキに「早くお父さんやってよ！」と口々に言った。この言葉のあと、泣き出しそうだったユキの目から大粒の涙がこぼれた。泣き出したユキに対して他の4人は驚きながらも、「"お父さん"がいないと遊べない」ことを訴えている。ユキ

はそれでも黙って泣いているだけだった。

　5歳児クラスに上がりひと月が経った5月ごろとなると、クラスの中で仲良しグループができ、協同遊びが深まっていく時である。

　この事例で気をつけたいのは、ハナとユキ、他の子の関係性からの見方である。一見すると、何でも一人で決めてしまうハナの課題に注目しがちだが、実際にはユキにも、グループ全体にも課題がある。まず、ハナはリーダー的存在であるが、何でも一人で決めてしまうことで、他者の思いや考えに気づくことができていない。ユキは譲ってあげることはできるが、自分の思いを表現することが得意ではないようだ。ハナとユキは自己主張と自己抑制がそれぞれにバランスがとれていないのである。グループとしても、ハナの主張を受け入れるばかりで、他者の思いや考えがあることを取り込んで協力して遊ぶことができていないのである。他者の考えや思いを共有し理解して、よりよく遊べるように発達していくことがグループ全体の課題だろう。

【事例1－2】女の子5人の仲良しグループ（5月）
　その様子を見ていた保育者は5人のところに行き、「ユキちゃんはどうしたかったのかな？」とユキに問いかけた。ようやく「わたしも本当は前から"お母さん"やりたかった」とユキが話し始めた。保育者は「そうか、ユキちゃんもやってみたかったけど、伝えられなくて困ってたんだね。みんな、どうすればユキちゃんもおままごとを楽しく遊べるかな？」と4人に問いかけた。

　グループとしては、ハナの意見に合わせて遊ぶことでも満足ができる一方で、5人の関係性の深まりの中ではいずれ、ハナだけが自分の思い通りに遊んでいると周囲が感じはじめるだろう。保育者はユキに「どうしたい」と問いかけているのは、ユキが気持ちを言葉で伝えるための援助である。そして、ハナとグループ全体が、他者の思いや考えに気づけるように促している。ユキ自身の言葉を促したうえで、「伝えられなくて困っていた」のだと言葉をつけたし、「どうしたいをみんなで共有して、解決していくこと」を目指せるよう言葉をかけたのである。思いを出し合えば、けんかに発展することも予想される。また、自分自身の思いに気づいた後には、ハナだけが自分の思いどおりにしていたのかと、他の子どもたちがハナを責めてしまうことにもなりかねない。しかし、思いを口にして伝えようとすることは「イメージ」を高度に共有して遊ぶために必要であり、人間関係を築いていくうえでは重要な経験となる。まずは、自分の思いに気づき、互いに言葉にする経験から、よりよい関係性を結ぶ経験に

つないでいけるような援助が必要である。そして、ハナだけが責められるのではなく、ハナも自分と他者の思いの両方に気づき、そのバランスをとることに試行錯誤できるよう援助していくことも大切である。

3．愛着と保育

(1)愛着の形成

　領域「人間関係」のねらいには、「(2)身近な人と親しみ，関わりを深め，工夫したり，協力したりして一緒に活動する楽しさを味わい，愛情や信頼感をもつ」ということがかかれている。愛情や信頼感の基礎となるものは、愛着(アタッチメント)である。愛着とは、自分とかかわりが濃密な相手に対して形成される、強い情緒的結びつきのことである。これは、人の生涯にわたる人間関係の持ちかたに深く関わるもので、発達の中で特に重要視されている。乳児は無力で受け身の存在ではなく、自ら周囲に働きかける力を持っていて、それによって養育者は養育者としての発達するのであり、愛着は、乳児と養育者がそれぞれに表す働きかけの双方向のやりとりによって形成されていく。

　愛着を概念から理論へと作り上げたのはボウルビィ(Bowlby,J.)である。彼は、第2次世界大戦後、親を亡くし施設で育つ乳児の高い死亡率や発達の遅れ、情緒不安定性についての調査からその原因を「母性的な養育がはく奪された状態に置かれていること」であると考えた。担当者をできるだけ固定的にし、応答的な保育方法への改善を図ったところ、乳児の状態が改善されていったという。ボウルビィは「母性的」という言葉を用いているが、愛着形成の対象は母親に限られるものではなく、実際には継続的な養育をする人物全般を表しているというのが、現在の考え方である。

　ボウルビィは愛着行動を３つのカテゴリーに分類している。まずは泣き、微笑、発声などの「発信行動」である。次に注視や後追い、接近などの「定位行動」である。そして、よじ登りや抱きつき、しがみつきの「能動的身体接触行動」である。第１段階は生後０～１、２か月頃で、特定の相手が限定されない、人間一般に対する定位と発信行動をする。第２段階は、２、３か月～６か月頃である。特定の相手に向けて定位と発信行動がみられるようになる。特に一番かかわりの深い養育者に対して、他の人と区別した積極的な微笑や発声、泣きの発信行動があらわれる。第３段階は６、７か月～１、２歳で、はっきりと特

定の養育者に対しての愛着行動が明確になる。人見知りや後追い行動がはじまる時期でもあり、また乳児自身での移動手段も発達するので自ら接近し、抱きつき、身体接触など能動的な行動があらわれる。第4段階の3歳以降になると、愛着対象を内在化できるようになる。養育者の姿が目の前になくとも、心の中にイメージを持ち、安定していられるようになるのである。また、養育者の意図や目標、計画なども理解できるようになるので、園で養育者と別れるときも、必ず迎えに来てくれるというイメージを持てるのである。安全基地として養育者の存在を心に持てることは、園で保育者との関係性を築いたり、友だちと過ごしたりする基盤として必要なのである。

　愛着の在り方には個人差がある。これを明らかにしたのはエインズワース（Ainsworth,M.D.S.）で、ストレンジ・シチュエーション法によって研究を行い、典型的な3つのタイプに分類した。さらにその後の研究で4つ目のタイプの存

表4-1　ストレンジ・シチュエーション法での愛着のタイプと養育者の関わり

	子どもの行動特徴	養育者の子どもへの日常のかかわり方
Aタイプ （回避型）	養育者がいなくなっても、泣いたり、混乱したりすることがほとんど見られない。再会時でも子どもから養育者に抱っこなどの接触を求めることは少なく、全体的に養育者との関わりは薄い。	全般的に子どもからの働きかけに対して拒否的な振る舞いが多い。子どもへの身体接触や微笑みも少ない。逆に、子どもの行動への強い統制がみられる。
Bタイプ （安定型）	養育者がいなくなると、多少の泣きや混乱、後追いを示すが、再会時には積極的に身体接触を求め、短時間で落ち着くことができる。養育者を安全基地として、探索行動も盛んに行う。	子どもの欲求や状態に対して、相対的に敏感に応答できる。子どもへの過剰な関わり、無理な働きかけは少なく、子どもとの接触や遊びを楽しむことができる。
Cタイプ （アンビバレント型）	養育者がいなくなると、強い混乱や不安を示す。再会時は身体接触を積極的に求める一方、激しく怒りながら養育者を叩くなど、感情や行動が極端である。 行動が不安定な傾向が強く、養育者のそばをあまり離れようとしないので、探索行動は少ない。	子どもの様子に対してタイミングよく、適切に応答することが苦手な傾向にある。子どもと関わっているが、養育者の気分や都合に左右されていることが多く、対応が一貫性に欠ける。
Dタイプ （無秩序・無方向型）	顔を背けながら養育者に近づいたり、養育者にしがみつく一方で、急に倒れこんだりという、両立しない行動を同時にする。また動きが不自然でぎこちない。どうしたいのか読み取りづらく、養育者に対しておびえるような様子を示すこともある。	精神的に不安定で、抑うつ傾向が高く、虐待や不適切な養育といった危険な兆候が見られる。養育者自身がトラウマなどの問題から突発的にパニックになったりすることがあり、その様子が子どもをおびえさせてしまうことにつながる。

在が提唱されている。４つのタイプの特徴を表4-1に示す。

　愛着に個人差がみられるのは、子どもの示す愛着行動への養育者のかかわり方が大きな要因だと考えられているが、実際には、養育者のかかわりだけでなく、子ども自身の気質や、気質で引き寄せられた体験の違いにもよると考えられている。しかし、実際に保育現場でＡタイプやＣタイプ、Ｄタイプのような親子に出会ったとしても、養育者のかかわり方に対して批判的、指導的にふるまうのではなく、子どもの気質と養育者の関係性に寄り添い理解していく姿勢が求められる。

⑵愛着を育む保育

　愛着の形成において重要なのは、やはり乳児期から幼児期初期の経験である。平成29年告示の「幼保連携型認定こども園教育・保育要領」の第２章　ねらい及び内容並びに配慮事項、第１　乳児期の園児の保育に関するねらい及び内容では、「乳児期の発達については、視覚、聴覚などの感覚や、座る、はう、歩くなどの運動機能が著しく発達し、特定の大人との応答的な関わりを通じて、情緒的な絆が形成されるといった特徴がある。これらの発達の特徴を踏まえて、乳児期の園児の保育は、愛情豊かに、応答的に行われることが特に必要である」とある。基本事項のなかでも、乳児期の発達の特徴として、「特定の大人との応答的な関わりを通じて、情緒的な絆が形成される」ことが明記されており、愛情豊かに応答的な保育が特に必要であることが書かれている。

　乳児保育に関しては「五領域」ではなく３つの視点から書かれており、３歳以降の領域「人間関係」につながるのは「身近な人と気持ちが通じ合う」ことである。ねらいでは、子どもからの働きかけに対して、「受容的・応答的」ということが明記されており、それによって「愛情や信頼感が芽生える」ことがうたわれている。近年、乳児や１歳２歳の子どもたちへの保育の需要の高まりから、３歳児以降の領域「人間関係」への基盤として、保育での愛着形成は重要な課題で、保育者は専門性をもって子どもの行動や表情に敏感になり、応答的でかつ、家庭外での「安全基地」としての機能が求められているのである。

（茂野仁美）

課題1　領域「人間関係」に出てくる「社会情動スキル（非認知的能力）」に関わる
　　　　部分について、まとめて下さい。

課題2　愛着の形成と、領域「人間関係」で留意すべき点について、まとめて下さい。

参考図書
無藤隆・古賀松香編著『実践事例から学ぶ保育内容　社会情動的スキルを育む「保育内容　人
　　間関係」—乳幼児期から小学校へつなぐ非認知的能力とは—』北大路書房 2016
塚本美知子編著『対話的・深い学びの保育内容　人間関係』萌文書林 2018

第5章　保育内容の指導法「環境」

「環境」という言葉を聞くと、何を思い浮かべるであろうか。保育に携わる私たちは、すぐに「領域『環境』」を思い浮かべる。広辞苑には「①めぐり囲む区域。②四囲の外界、周囲の事物。特に、人間または生物をとりまき、それと相互作用を及ぼし合うものとしてみた世界。自然的環境と社会的環境がある」と記されている。要するに「とりまくものすべて」と考えてよいのではないだろうか。保育の中だけでの特別なものではなく、人は環境によって育っていく。ここでは保育者として、「領域『環境』」を通して、その「とりまくもの」を考える。そこで本章においては、以下について解説する。

1. 領域「環境」におけるねらいと内容
2. 様々な「環境」との出会い
3. 領域「環境」を中心とした保育の実際

第1節　領域「環境」におけるねらいと内容

1. 幼稚園教育要領、保育所保育指針、幼保連携型認定こども園教育・保育要領(以下、幼稚園教育要領等と記す)における領域「環境」の捉え方

幼稚園教育要等領等では、「環境」という文言は頻出する。総則では、冒頭に以下のように示されている。

幼稚園教育要領　第一章総則「幼稚園教育の基本」より（冒頭抜粋）

　幼児期における教育は、生涯にわたる人格形成の基礎を培う重要なものであり、幼稚園教育は、学校教育法第22条が規定する目的を達成するため、幼児期の特性を踏まえ、環境を通して行うものであることを基本とする。

---

(1)すべてに関わる「環境」

　ここでいう「環境を通して行う」ことは、「遊びを中心とした総合的な学び」と同様、保育すべてにわたってキーワードとなる文言である。

　また、学校教育法第22条では、以下の通りに示されている。

> 幼稚園は、義務教育及びその後の教育の基礎を培うものとして、幼児を保育し、幼児の健やかな成長のために適当な環境を与えて、その心身の発達を助長することを目的とする。

　「幼児の健やかな成長のために」私たちは保育を行っていくのだが、その時にこの「適当な環境」という言葉は、大変重要だと考えている。適当という意味を取り違えないで欲しい。その場にふさわしい環境を整えること、と捉える。例えば、「主体的、対話的で深い学び」のアクティブラーニングの考え方をあてはめ、対話をさせればよいのだ、との間違った解釈により、5歳児に「じゃあ、みんなで話し合って」と声をかけるだけでは、「適当な環境」とは言えない。何を話し合うのか、何をするのか、そこに目的をもった指導がなされているのか、ということが大切である。総則にもあるが、

> 教師は、幼児の主体的な活動が確保されるよう幼児一人一人の行動の理解と予想に基づき、計画的に環境を構成しなければならない。この場合において、教師は、幼児と人やものとのかかわりが重要であることを踏まえ、物的・空間的環境を構成しなければならない。

　指導計画を作成するにあたっても、これらの考え方をもとに、幼児の発達の側面から捉えた領域として、身近な環境との関わりに関する「環境」が置かれている。この「領域」という考え方は、幼児を保育していく際の「扉」や「窓」であると表現されることも多いが、多方向から幼児の発達を捉えると考えていくことである。

　私たちがその「環境」をどのように作り、その「環境」を通して、どう保育を展開すべきかを考えていくための方向性を具体的に示したものが、「領域『環境』」である。「環境」というと自然環境をイメージし、小学校での「生活科」や「理科」を思い浮かべる人も多いが、それだけではない。5領域以前の6領域時代に「社会」「自然」という領域があり、確かにこの2つの領域をまとめ

たもののような印象を持たれていたこともある。しかし、前文にも記したが「とりまくすべてのもの」を考えてみよう。私たちの周りには、どのような環境があるのだろうか。

2．領域「環境」におけるねらいと内容

　では具体的に領域「環境」のねらい（巻末資料参照）を考える。

⑴**身近な環境に親しみ、自然と触れ合う中で様々な事象に興味や関心をもつ。**

　「心情」のねらいである。子どもたちは、様々なことに興味や関心を持っている。身近な環境とは、自分のすべて周りの環境である。また、自然と触れ合うとあるが、以前は私たちの周りには自然と触れ合う環境は山のようにあった。しかし今では、都市部では公園が少なくなり、「カブトムシ」はデパートで買うものだと思っている子どももいる。まず、帰宅後に飛び出して遊びに行く子どもたちがどのくらいいるだろうか。容易に子どもだけで外に遊びに行かせるということが安全面からも難しく、現代社会では少子化の影響もあり、子どもたちが外で戯れている姿を見ることが少なくなった。幼少期から習い事に忙しい子どもたちもいる。また保護者の就労環境などから、帰宅後にはそのような時間も持てないことも多くみられる。子どもたちの遊び方にも変化がある。ゲーム機などでは、遠く離れた人とも隣にいるように一緒に席を並べているようにゲームをすることもできる。これもまた「環境」であるが、だからこそこのようなねらいが、現代の教育に必要だと考えられる。

⑵**身近な環境に自分から関わり、発見を楽しんだり、考えたりし、それを生活に取り入れようとする。**

　「意欲」のねらいである。昔の子どもなら、近所の子ども達同士、年齢も関係なく遊んでいた。そこで上下関係を学び、上の子が年下の子どもたちに優しくする、といったことも多く見られた。原っぱに行って「基地」づくりに励んでいたり、れんげを積んで花飾りを作ったりと自分たちで外での「今日の遊び」を考えたものである。現代においても、保育者が一方的に与えるのではなく、「自分から」考える、困りながら、考えながら「どうしようか」と悩む。どうしたらできるか、と意欲をもって取り組む。このような環境下で子どもたちは成長していくのではないだろうか。

　しかし一方で、最近の「お店やさんごっこ」では、レジ係の子どもは「ピッ」

とバーコードを探している。また、「マイバックはお持ちですか？」など、よく観察しているな、と感心することがある。「バスごっこ」の歌では、「きっぷをじゅんにわたしてね。」と歌っているが、これがごっこ遊びになると、ICカードで「ピッ」と自然にしている姿をみる。ロシアの心理学者のヴィゴツキーは、ごっこ遊びを認知・情緒・社会的発達を促していく高度な遊びであるとしているが、時代とともに「ごっこ遊び」の変化も面白いものだと感じている。

(3)**身近な事象を見たり、考えたり、扱ったりする中で、物の性質や数量、文字などに対する感覚を豊かにする。**

　「態度」のねらいである。「感覚を豊かにする」と最後にあるが、この部分が最も大切ではないだろうか。「お風呂で10数えたらあがっていいよ」と一生懸命に数える姿などは今も昔も変わらないことかもしれない。また、特に幼児教育現場において、このような環境を置くことは多くの場面で考えられる。数量や文字、というとすぐに「身に付けさせないといけない」と思いがちであるが、前述したようにそうではない。例えば保育者から、「グループのお当番さんは、折り紙をみんなの分、取りに来てください」と言われるとお当番の子どもは、「今日は○○ちゃんがお休みだから、△枚ください」と、この経験で「数える」ことを意識する。お散歩に行った時には、多くの看板を目にして「あの看板、昨日の道にもあったね」とみんなで読み合いっこをしている姿なども見られる。そこには形、文字、記号、色合いなど、多くの要素が入っており、子どもによってどの部分に興味を持つかは異なるが、それぞれの感覚が豊かになっていることは間違いないであろう。

　領域「環境」の内容（巻末資料参照）に沿って、「何かを教える」のではなく、このような環境を保育者がどう作ることができるのかが重要である。また、今回の領域「環境」の内容には、「(6)日常生活の中で、我が国や地域社会における様々な文化や伝統に親しむ」が追加された。幼稚園教育要領解説には、「文化や伝統に親しむ際には、正月や節句など我が国の伝統的な行事、国歌、唱歌、わらべうたや伝統的な遊びに親しんだり、異なる文化に触れる活動に親しんだりすることを通じて、社会とのつながりの意識や国際理解の意識の芽生えなどが養われるようにすること」とある。現代社会では、文化、伝統に親しむ機会も少なくなり、あえてそのような場を作らないと経験できないところもあるだろう。

3．「幼児教育で育みたい資質・能力」にみる「環境」

　幼稚園教育要領等では、「幼児教育で育みたい資質・能力」としての柱を次の３つ挙げている。

・豊かな体験を通じて、感じたり、気付いたり、分かったり、できるようになったりする「知識及び技能の基礎」
・気付いたことや、できるようになったことなどを使い、考えたり、試したり、工夫したり、表現したりする「思考力、判断力、表現力等の基礎」
・心情、意欲、態度が育つ中で、よりよい生活を営もうとする「学びに向かう力、人間性等」

　一つ目にあるこの「豊かな経験」とは、多くの体験を経験することではない。領域「環境」で言うならば、何を発見し、どう感じ、何を気づき、何がわかるのかは、同じ体験を通してでも一人ひとり違ったものとなるであろう。幼児教育現場で言えば、保育者が行う「環境」設定により、その保育計画において子どもに感じさせたい「豊かな経験」は異なってくる。それだけに、保育者自身が幼稚園教育要領等のねらいをしっかりと理解し、「環境」に対する考え方を身に付けなければならない。また、「知識及び技能の基礎」と言われると、「知識」や「技能」に注目してしまいがちだが、幼児教育において大切なことはその「基礎」となる力である。基礎を培うための、感じ、気付き、分かる、そこから世界が広がっていくことで、それがまた結果的に豊かな経験に繋がっていくのである。

　「思考力、判断力、表現力等の基礎」についても、保育者が子どもたちに「考えてみよう」「やってみよう」と思える環境を作るか、「失敗した」「どうしたらうまくいくかな」と考え、次の意欲に向かわせることができるかが大切である。大人は、答えを先に教えてしまいがちであるが、子どもたちの豊かな発想、表現に驚き、感心することも多い。大人になって忘れてしまったようなその感覚を、楽しむような保育者であってほしい。

　また、この３つの柱も、「遊びを通して総合的な指導を行う中で、『知識・技能の基礎』、『思考力・判断力・表現力等の基礎』、『学びに向かう力・人間性等』を一体的に育んでいくことが重要である」と書かれており、一つ一つが独立して成立するものではない。

第2節　幼児期におけるさまざまな環境との出会い

1．人との出会い

　「環境」と聞くと、「モノ」に注目してしまいがちであるが、人との出会いが最も大きな環境である。「人」というと、家族、保育者、友だち、などすべての人である。幼児教育現場では、何か「モノ」を介して子どもとも関わることも多いが、同じ「人」であっても、その日の心理状態、健康状態、1分の違いであっても状況は変わる。幼児教育現場では、保育者と子ども、子ども同士の関係が大きいが、保育者の「人との出会い」としての関わりは重要であることを理解しておきたい。また、子どもにとって自分が直接関わっていなくとも、保育者同士の関係などはよく観察している。子どもたちがお家でのことを幼稚園で話してくれるように、幼児教育現場でのこともよく見ているということである。

2．モノとの出会い

　「物的環境」と表現されることも多い。生活をしていく上で必要なもの、それはその生活を豊かにし、時には良い影響にならないことも心得ておきたい。幼児教育現場では、保育室ひとつをとってもそれが物的環境である。同じ保育室であっても、季節に合った壁面がきれいに飾られており、机が整っている保育室。その一方では、一面の壁には何もなく、机の上にはモノがいくつも重ねられ、どこに何があるのかわからない保育室。どちらが環境として適しているかは、改めて言うこともない。それだけではなく、子どもたちが一斉に遊んでいると、朝は気持ちの良かった保育室も蒸し暑くなったり、空気が悪くなったりもする。そのような時にも保育室の換気や温度、日差しなどに配慮することは、環境を整備することである。

　屋外環境としても、朝、子どもたちが登園する前に園庭の清掃をしている風景を見るが、そこには清掃をし、石や危険なものは落ちていないか、衛生面に問題はないかなどを確かめ、安全に遊べる環境を整えているのである。実習生が「掃除ばかりやらされた」というような発言をしているのを聞くことがあるが、物的環境を整える保育者の役割であることを忘れないでほしい。

3．自然との出会い

　環境というと自然をイメージすることが大きい。動植物や自然現象などである。

　最近では日本の四季も少し変化してきているようにも感じるが、それでもサクラが咲き、色とりどりのチューリップが一面を埋め尽くし、チョウチョウが飛んで、春を感じる。たくさんの雨が降ってアジサイにカタツムリがのっている様子を見て、梅雨の時期を楽しんでいる。夏になったらプール遊びなど、季節ごとの変化には多くの出会いがある。もちろん気温も湿度も異なるが、それだけではない。空気や雲の動き、風の流れ、一つひとつにたくさんの自然が味わえる。保育者にとっても、そのような感覚を忘れないでほしい。次の第3節では具体的な保育の展開を紹介している。

　幼稚園教育要領　第1章　総則「第3　教育課程の役割と編成等」の「第4　指導計画の作成と幼児理解に基づいた評価」（巻末資料参照）にあるように、特に自然とのかかわりの中では、このような直接的体験は欠かせない。しかし一方で今回の改訂で新設された「コンピュータなどのITC活用」についても、園庭探検をしながら動植物を写真撮影し、「この虫の名前は何かな」と調べてみる。また、「虫が鳴いているときは、どこから音を出しているのかな」と本物の観察では容易にできないことに活用するなども考えられる。

4．社会との出会い

　家庭や幼児教育施設の中では、子どもたちもその環境で育っていく。守られている環境でもある。しかし、そこからさらに新しい社会と触れ合うことにより、世界が広がる。

　例えば、お散歩をしていると道行く人に声をかけられても最初は恥ずかしがっていた子ども達も、何度かお会いしているうちに「こんにちは」とご挨拶ができるようになる。いつも家族に車に乗せてもらっていたのにお母さんとバス停まで歩いて、そこで待ち、発車する前に席に着き、降車ボタンを押して降りる。新しい公園ができて、人気の滑り台があったら、順番に並んで乗る、など、様々な場面での社会との出会いということがある。

　園にも地域の方にお越し頂いて、「野菜の育て方を教えてもらおう」「町の紙芝居やさん」などの交流をしながら、「お話をきちんと聞く」場面によって「静かにしよう」という社会性も育っていく。

第3節 事例を通して考える保育内容「環境」

　以上のような保育内容「環境」のねらいや内容は、実際の保育の中ではどのような生活や遊びとなっているのか。具体的な事例を通して考えていく。なお、「内容」や「内容の取扱い」などを中心に領域の特徴を表す部分に下線を引いている。参考にしながら事例を読み進めてほしい。

事例1　「今日の給食、私たちのタマネギだね　～栽培・収穫・食育～」

　野菜の苗を植え、水やりなどの世話をし収穫するという一連の活動では、<u>直接触れる体験を通して植物が生長する姿や多くの不思議に出会い、発見や感動を友達と共有しながら生命の尊さに気付く。</u>自分たちで育ててきたタマネギを収穫し皮をむいて調理室へ運び、「お料理してください」と手渡すと昼食時間にはおいしそうな肉じゃがになってテーブルに並んだ。「私たちのタマネギ、お店のよりおいしいね」と会話が弾む。自分たちで栽培し収穫した野菜を食べることは、自然を自分たちの生活に<u>取り入れる体験</u>にもなり、食べ物を大切にすることにもつながっている。

事例2　「田んぼで遊ぼう！　～地域の自然に触れる体験～」

　田植えが始まる前に地域の方の協力により毎年実施している「田んぼ遊び」。砂場や園庭の泥とは違う感触に歓声があがる。「足に引っ付いてくる」「サラサラしてる」「（乾くと）象さんみたいな手になった！」と、<u>いつもの泥との違いに気付き</u>、それぞれの言葉で表現している。泥だんごを作り始めた幼児は、「サラ砂ないなぁ、持って帰ってもいいかな、おじさんに聞いてみよう」と相談して

いる。すると、「カエルや！」「こっちに
隠れた！」「どこ？どこ？」とカエルを
探して大騒ぎになるが、田んぼの中では
思うように動けない。苦戦しながらカエ
ルを捕まえた。様々な感覚を通して存分
に遊んだ経験は、田んぼへの興味・関心
をより一層高めた。田植え、稲の生長、

稲刈りと季節により変化していく田んぼの姿に関心をもちながら自然や人間の
生活の変化を感じる経験へとつながった。

事例３ 「幼稚園でもお祭りしよう ～地域の文化や伝統を直接体験する～」

　地域社会における様々な文化や伝統も
幼児にとって魅力的な環境である。本事
例は、地域で行われる秋まつりに幼稚園
の友達と一緒に参加したものである。見
慣れない半被姿や楽しい祭りの囃子、だ
んじりを曳く掛け声など興味津々である。
実際に体験させてもらっただんじり曳き
は手ごたえがあり強く印象に残ったよう
で、次の日から「だんじりごっこ」が始
まった。

　ブロックで作ったミニだんじりにロー
プをつけ、（壊れないように）友達と声
を掛け合いながら、地域の秋まつりを再
現する遊びへと発展した。共通の感動体
験が園での遊びへとつながり、また園での遊びが幼児を通じて各家庭へと伝
わっていった。園・家庭・地域の循環の中で地域の文化や伝統に親しみをもち、
自分たちの生活の一部として取り込んでいく姿が見られた。

事例4　「いろいろな形ができるよ　〜数量や図形への関心〜」

　積み木で遊ぶ幼児の会話には<u>数量や図形に関する言葉や表現</u>が多く聞かれる。「もっと高くしよう」「長い方を使った方がいいよ」と積み上げたり、並べたりする中で<u>数量や図形に関する感覚が養われていく</u>。また「斜めになったら倒れるよ」「真ん中（中心）を決めて並べたら、きれいな丸になるよ」と<u>物事の法則性</u>にも気づき、自分なりの言葉で友達に説明することもできるようになっていく。教師は、幼児が<u>身近な環境や様々なものと関わり、試したり工夫したりしながら、自分なりに考えることができるようになる過程</u>を大切に見守るとともに、そうした幼児の発見や気付きに共感し、周囲の幼児へと広げていく働きかけが重要である。

　以上の事例の他にも、日常生活の中で幼児は、保育内容「環境」のねらいにあるように、「身近な環境に親しみ、自然と触れ合う中で様々な事象に興味や関心」をもち「身近な環境に自分から関わり、発見を楽しんだり、考えたりし、それを生活に取り入れよう」とし、「身近な事象を見たり、考えたり、扱ったりする中で、物の性質や数量、文字などに対する感覚を豊かに」していくのである。幼児一人ひとりには様々な場面で、様々な瞬間に発見や気付きがあるため、教師は、その瞬間をできる限り見逃すことのないように幼児の言動を注意深く観察し、共感することが大切である。さらに、一人の幼児の発見や気付きを学級全体に知らせ共有することも教師の重要な役割である。

【事例と写真の提供】大阪千代田短期大学附属幼稚園

（寄ゆかり・澤ひとみ）

課題1 保育内容「環境」を中心とした保育とは、どのようなものか例を挙げなさい。

課題2 国際理解の意識の芽生えが養われる行事や活動の例を挙げなさい

参考図書

ルソー著　今野一雄訳『エミール』岩波書店 1962

神長美津子・堀越紀香・佐々木晃編著『保育内容　環境』光生館 2018

若月芳浩編著『環境の指導法改訂第2版』玉川大学出版部 2019

第6章　保育内容の指導法「言葉」

　「言葉」は自分の考えや意思を表現したり、伝えたりすると同時に、他者を理解するための手段であり、5領域の中の「表現」や「人間関係」とも密接に関係する。また、「言葉」は、聞く、話す、読む、書く、考えるなど、成長と共にその使い方が深化する。本章では学生自身が主体的・対話的で深い学びができるように、保育内容「言葉」の基礎的事項を解説する。

1．乳幼児の言葉に対する発達過程の環境について述べる。
2．領域「言葉」のねらいと内容を踏まえて、子どもへの援助とかかわり方についての事例と、その指導方法について解説する。

第1節　言葉とは

　言葉は、自分を表現し、他者を理解する上で、不可欠な要素である。私たちは、自らが見たり、聞いたり、感じたり、考えたりしたことを、「言葉」を使って、他者に伝えたり、共有したりする。また、他者の考えや意見、思いを「言葉」によって知る。言葉の本質を一言で言うならば、情報や意図、感情の伝達と、それらの概念や意味を、考え、理解し、判断し、表現することである。

1．言葉の役割

　心理学では、人は日常生活の中で、外言と内言という2つの言語活動を行っていると考えられている。外言は他者や外界に対して声に出して話す言葉である。内言は声に出さずに考えたり、思いを巡らしたりする自分自身に向けた言葉である。

　旧ソ連の心理学者レフ・ヴィゴツキーは、言語を「人の思考を媒介する道具

表6-1　外言と内言、各々の機能と特徴

		音声を伴う、コミュニケーションのための言語 特徴：主語中心、文法的に整合性がとれている	
外言	情動的機能	相手に向けて心身の状況や変化を伝える。 例：「今日は晴れて気持ちがいいです！」
	働きかけ機能	相手にしてもらいたいことを、頼んだり、命令するなど。 例：窓を開けてもらえますか？
	間接的機能	出来事や事象を、解釈し、描写し、記録する。 例：フィリピン沖で台風22号が発生した。
	詩的機能	音の響きやリズム、形態、語彙、構文などを表現する。 俳句やラップのように韻を踏んだり、字数を制限するなどの言葉遊びなど。 例：柿食へば鐘が鳴るなり法隆寺(正岡子規)
	交話的機能	人と人とが接触したときに発せられる言葉。 挨拶など言葉を交わし合うこと自体が互いの心を通わせ、一体感を高める。 例：「おはようございます！」「お疲れ様！」
	メタ言語機能	言葉を別の言葉で表現するなど、言語そのものを語る。 例：愛とは、親子・兄弟などがいつくしみ合う気持ち。
内言		音声を伴わない、考えるための言語 特徴：述語中心、省略や圧縮が多い、非文法的	
	内言語機能	音声や文字をともなわない、思考のための言語活動。 例：子どもたちを見て、「可愛いなぁ」と感じる。

　（記号）」と捉え、内言と外言を定義した。表6-1は、ヴィゴツキーの外言と内言の定義と、ロシア人言語学者ロマン・ヤコブソンが示したコミュニケーションの6機能をまとめたものである。

　ヴィゴツキーは、幼児期の子どもの言葉は、初め「話し言葉（外言）」として習得し、周囲の人々とのコミュニケーション手段として発達するという。そして、自我が拡大する3歳前後になると、自分に向けた言葉、いわゆる独り言を発するようになる。これが外言の内化の始まりと考えられている。ヴィゴツキーは、子どもは「言葉を使って人間関係を営む中で外的な言語を獲得し、それを内言として使えるようになる」という。これは乳幼児期に育まれた言葉が、子どもの考え方や精神にまで影響を及ぼすことを示している。乳幼児期にどんな言葉を聞いて育つかが、いかに重要であるかがわかる。

　保育所保育指針解説書（p35フレーベル館）にあるとおり、「（イ）①一人一人の子どもの置かれている状態や発達の過程などを的確に把握し、子どもの欲求を適切に満たしながら、応答的な触れ合いや言葉がけを行う。」ことが、子どもの発達に極めて重要である。保育者は、乳幼児の心身の発達はもとより言葉

の発達段階も踏まえて、子どもに寄り添い、理解し、語りかけると共に、子ども自らが言葉に興味をもち、主体的に獲得していける環境づくりをすることが求められる。

２．領域「言葉」とは

2017（平成29）年に告示された「幼稚園教育要領」（文部科学省）、「保育所保育指針」（厚生労働省）、幼保連携型認定こども園教育・保育要領（内閣府・文部科学省・厚生労働省）は、言葉の獲得に関する領域「言葉」の保育目標として次のように示した。

領域「言葉」の保育目標：経験したことや考えたことなどを自分なりの言葉で表現し、相手の話す言葉を聞こうとする意欲や態度を育て、言葉に対する感覚や言葉で表現する力を養う。

言葉の本質が、情報や意図、感情の伝達と、それらの概念や意味を、考え、理解し、判断し、表現することであることを考えると、領域「言葉」は、他の４領域すべてに総合的に関わる生きる力の最も重要な基礎力と言える。

第2節　言葉の発達段階と保育のポイント

幼児は、母語の基礎を３歳くらいまでに獲得し、大抵の意思疎通を行うことができるようになる。それは、ある日、突然できるようになるわけではなく、各段階を経て獲得していく。ここでは言葉の発達段階を軸に、各段階の特徴と、人間関係における育ちの特徴を交えて紹介する。

図6-1　言葉の獲得段階イメージ

1．前言語期の５段階（初語が出現するまで）

叫喚期（０～８週前後）

言葉の発達段階の特徴

眠気や空腹などの不快な感覚を泣いて伝える。

育ちの特徴

生理的微笑（感情を伴わない、無意識の微笑み）。

快・不快の感覚がある。（例：空腹で「不快」を感じ、哺乳で空腹が満たされると「快」の感情を覚えるといわれている。）

保育のポイント

乳児が声を発したら、同じように声を出し、応えるように話しかける。

顔を見て、スキンシップしながら言葉をかける。

クーイング期（８週前後～20週前後）

言葉の発達段階の特徴

「アー」「ウー」「ウックン」など意味を持たない声を出す。

鳩の泣き声〝クークー〟に似ていることから英語でクーイング（cooing）という。

育ちの特徴

普遍的微笑（２か月前後）。人の声や顔に対して注意を向けたり、微笑んだりするが、特定の他者を区別することはない。

発信者と受信者のみが関わる二項関係のコミュニケーションの始まり。

この時期の乳児と母親、乳児と保育者との間の愛着関係が、信頼関係を築く基礎となる。

図6-2　二項関係＝人と人

保育のポイント

幼児が声を出したら褒める。

幼児が見ているものや話したいことを想像しながら言葉かけを繰り返す。

喃語期 - 喃語と発声遊び（16週前後～30週前後）

言葉の発達段階の特徴

「あっあっ」「えっえっ」「あうー」「おぉー」などの喃語を発し始める（４か

月前後）。

強弱や高低のある音節の「バダ」「バブ」などを発する（5か月前後）。

唇をブブッとふるわせる、キーキー声を出すなどの「声遊び（ボーカルプレイ）」が見られる。

<u>育ちの特徴</u>

初期の人見知りが始まり、知っている顔と知らない顔を見分けるようになる。

<u>保育のポイント</u>

幼児と同じ音声で答える。例：幼児が「ワンワン」と言ったら、「ワンワンだね」と答える。

反復喃語期（25週前後〜50週前後）

<u>言葉の発達段階の特徴</u>

「ダーダー」「ンマー」や、「あぶぶぶぶー」「あむあむ」「うまうま」「マンマンマン」などの反復喃語など、最も多くの喃語を発する時期。

保育者の口の動きを見つめ、それに近い音声を出そうと模倣する（8か月前後）。

「アリガト」、「バイバイ」等の言葉を理解し、身振りができる（10か月前後）。

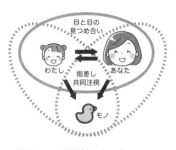

図6-3　三項関係＝人と人とモノ

<u>育ちの特徴</u>

激しい人見知りや後追いなど、愛着形成が始まる。

共有する三項関係の成立。三項関係は、「自己」と「他者」と「もの」の3者間の関係を指す。

三項関係は社会性・コミュニケーションの発達において重要な指標の一つとされ、言語の獲得においても重要である。

<u>保育のポイント</u>

明瞭に、滑舌よく、わかりやすく、短い文章で話す。

非反復喃語期（9か月前後〜1歳6か月前後）

<u>言葉の発達段階の特徴</u>

「アバ」「アジャ」「バダ」「バブ」などのさまざまな非反復喃語を組み合わせ、さらに強勢や音調をつけて発する。

自分の名前を呼ばれるとわかる、ものの名称を幼児語で理解できる、言葉を聞いて行動ができるなど、大人の言葉を理解し始める。

初語の発話（10か月前後〜１歳２か月前後）。

<u>育ちの特徴</u>

要求の指差し（はっきりと対象を示し、指差しで要求する）。

<u>保育のポイント</u>

幼児が同じものを指差ししたら、その都度、きちんと答える。何度も繰り返し話すことで、幼児に「自分の指差し」が「言葉で返される行為」であることを理解できるように促す。

２．初語以降の言葉の発達

一語文発話期（片言期）（１歳前後〜２歳６か月前後）

<u>言葉の発達段階の特徴</u>

一つの単語から成る「一語文」が、場面と結びついて意味をもった言葉として発せられる。

「マンマ（ご飯）」「クック（靴）」「バイバイ（さよなら）」、「ワンワン（犬）」「ブーブー（車）」、「ねんね（眠い）」「だっこ（抱いて）」など。

<u>育ちの特徴</u>

自我の誕生（１歳前後）。

<u>保育のポイント</u>

幼児が音声で何を伝えようとしているのか、その思いを読み取り、正しければ同じ言葉で答え、間違っていれば正しい言葉に修正する。

二語文発話期（１歳６か月前後〜３歳前後）

<u>言葉の発達段階の特徴</u>

二語文は、「目的語と述語」など文の構成要素の２つの単語から成る文である。

「マンマ・たべる」「パパ・バイバイ」「あんよ・いたいいたい」など。

質問やオウム返しが増える（１歳６か月〜２歳前後）。

二語文を使って、友だちとコミュニケーションする（２歳前後〜）。

「なぜ？」「どうして？」という質問が増える（2歳6か月〜3歳前後）。

<u>育ちの特徴</u>

自我の拡大（2歳前後〜）。

自分と他人との境界線を理解できるようになり、親や兄弟などの言葉や行いを真似ることができる。

<u>保育のポイント</u>

心を動かされるような体験をし、言葉を交わす喜びを味わえるようにする。

表現力が未熟な幼児の言葉を補い、幼児が伝えようとしていることに心を傾ける。

三語文発話期（3歳頃〜4歳頃）

<u>言葉の発達段階の特徴</u>

三語文は、「相手＋目的語＋要求語」や「主語＋目的語＋述語」など、文の構成要素の3つの単語から成る文である。

例：「ママ、ジュース、ちょうだい」「パパ、本、よんで」「〇〇くん（自分の名前）、くっく、はく」。

話し言葉の基礎ができあがる（3歳頃〜4歳頃）。

<u>育ちの特徴</u>

自我の充実と第1次反抗期（3歳前後〜）。

自制心のめばえ（4歳頃〜）。

<u>保育のポイント</u>

子どもが自分で考えて、答えを出せるような機会を増やす。

子ども同士で相談したり、話し合って協力したりする機会を作る。

多語文発話へ（5歳頃〜6歳頃）

<u>言葉の発達段階の特徴</u>

長い会話ができるようになり、自分の意思を表現し、対話もできるようになる（5歳頃〜6歳頃）。

文字を理解するようになる。文字や数字が書ける（5歳頃〜）。

<u>育ちの特徴</u>

仲間関係が育ち、協力し合う関係が生まれる（6歳前後〜）。

保育のポイント

幼児の自主性、主体性を尊重する。

保育者と幼児が一緒になって体験する。

3．言葉の発達段階の事例

事例1（二項関係）

　おむつを汚して泣き叫ぶタイチ。母親は「あー、気持ち悪かったね。キレイ、キレイしようね」と声をかけながら、オムツを取り替える。オムツを換えた後、母親はタイチを抱きあげて、目を見ながら、「タイちゃん、きれい、きれいしたよ。気持ちいいね」と言いながら頬ずりする。

母親はタイチの快・不快の気持ちを察し、オムツを交換すると気持ちがよいことを声に出して伝えている。

保育のポイントと関わり方

　乳児の心情を察しながら、やさしくたくさん話しかける。また、顔を見てスキンシップしながら言葉かけをすることで言葉の発達が促される。言葉を持たないこの時期は、子どもと保育者が同じものを見たり、互いに音声をなぞったり、身体のリズムを感じたりしながら、コミュニケーションをとること自体をたっぷりと楽しむことが大切である。これにより、母親や保育者など特定の大人との間に、情緒的な絆（愛着形成）ができる。

事例2（三項関係）

　生後11か月のアサがバスを指差して「あーあ」と言う。それを見た母親が「ブーブーね」と言う。また、アサがバスを指差して「あーあ」と言うと、母親は「ブーブーね。アサちゃんの好きなバスね。また乗ろうね」と言う。子どもが指差したものを母親が言葉で返し、まるで会話をしているようだ。

保育のポイントと関わり方

　幼児の言葉の発達において、親や保育者が幼児の発する言葉にきちんと耳

を傾け、愛情をもって受け答えすること（応答的対応）が非常に重要である。

　応答的対応とは、幼児の表情や行動を観察し、幼児が伝えようとしている思いを汲み取って、やさしく応える。語彙や表現が不十分な幼児の心情を代弁し、言っていることややりたい気持ちを受け入れて、その上で、発展を促したり、方向を修正したりすることである。例えば、幼児がバスを指差して「あーあ」と言ったら、「ブーブーだね」「バスだね」と答える等である。このようなコミュニケーションは信頼関係を築く上で大切な触れ合いであり、乳幼児に限らず、小・中高生になっても大切である。

第3節　遊びを通して楽修することの意義

1. 遊びとはなにか？─遊びの概念

　ヨハン・ホイジンガは著作「homo ludence（ホモ・ルーデンス＝遊ぶ人）」において遊びを次のように定義している。

　<u>「遊びとは、あるはっきり定められた時間、空間の範囲内で行われる自発的な行為もしくは活動である。それは自発的に受け入れた規則に従っている。その規則はいったん受け入れられた以上は絶対的拘束力をもっている。遊びの目的は行為そのもののなかにある。それは緊張と歓びの感情を伴い、またこれは『日常生活』とは『別のもの』という意識に裏づけられている。」</u>

　保育者は、遊びの本質を理解した上で、子どもたちに遊びの楽しみ方や面白さを教えて興味をもたせ、子どもたちが自発的に遊びを発案できる環境を提供しなくてはならない。そして、子どもが主体的に遊びを楽しめるよう見守り、さらに遊びが発展的なものとなるよう示唆を与え、子どもとの信頼関係を育むことが大切である。

2. 言葉を育む遊び

　子どもの発達を促す環境の一つに、絵本や紙芝居、パネルシアター、劇、童話などの児童文化がある。言葉の発達においては、語彙力や思考力を育む「言葉遊び」や「歌」などのほか、物語性のある「絵本」や「紙芝居」は、言葉による想像力やイメージ形成はもちろんのこと、知識、感受性、思考力、創造力、

表6-2　幼児の発達過程と言葉の獲得

 首座り（くびすわり）　 寝返り　 摺り這い（ずりばい）　 お座り（おすわり）　 這い這い（ハイハイ）　

叫喚　　喃語と発声遊び
クーイング　　反復喃語

月齢/年齢	1か月	2か月	3か月	4か月	5か月	6か月	7か月	8か月	9か月
発話・言葉		クーイング（鳩音）「アー」「ウー」	「ウックン」	発声遊び（声を出して遊ぶ）ブブッと唇をふるわせる、キーキー声を出すなど。	母音や子音がつながり、強弱や高低のある音節。	規準喃語「パパパパ」「ダダ」	反復喃語「あぶぶぶー」「あむあむ」「うまうま」「マンマンマン」	最も多く喃語を話す時期「ダーダー」「ンマー」など喃語の数が増える。	
			泣き声に感情表現がみられる。		声を上げて笑う。発声や調音を自分でさまざまに変化させながら、それを自分で聞き楽しみ、反復することを楽しむようになる。	興味があるものを喃語で要求する。		乳児はその保育者の口の動きをじっと見つめ、それに近い音声を出そうと模倣する姿が見られるようになる。	自分や周りの人が発してきた音声がいよいよ意味を含んだ言葉として組み入れられるようになる。
表情・人との関わり	生理的微笑（感情を伴わない無意識の微笑み）。		普遍的微笑（自分を見た人に笑いかける）。二項関係。	じっと相手を見て、静かに笑う。声かけに喃語で返す。	社会的微笑（親しい人に自分から笑いかける）。	初期の人見知り	知っている顔と知らない顔がわかる。		激しい人見知り愛着形成、後追い、行動の前後に大人の顔を参照する。

言葉を育む関わり方のポイント
やさしく、たくさん話しかける。
乳児が声を発したら、応えるように話しかける。

掴まり立ち
（つかまりだち）

伝い歩き
（つたいあるき）

二足歩行

非反復喃語				二語文発話				多語文発話
			一語文発話		三語文発話期			
10か月	11か月	12か月	1歳～	2歳～	3歳～	4歳～	5歳～	6歳～
	非重複喃語「バダ」「バブ」	喃語から言葉へ。意味をもった言葉の使用。一語文。	初語「マンマ」「ワンワン」	二語文「ごはん 食べて」「りんご ちょうだい」等。	三語文「パパにボール渡して」	語彙、文法力、理解力、表現力の向上に伴い、おしゃべりになる。	数を操作できる。	友だちの意見を聞き、話し合いができる。理由を説明できる。根拠がわかって、
大人の発話の意味を、ある程度理解している行動を示すようになる。「アリガト」、「バイバイ」等の言葉を理解し、身振りができる。	「マンマ」「ナンナン」などが場面と結びついて発生される。							
声や指差しで感情や要求を伝える。三項関係の成立。			自我の誕生	自我の拡大	自我の充実と第一次反抗期	自制心の芽生え		

言葉を育む関わり方のポイント
子どもが伝えようとしている思いを汲み取って、心情を代弁し、気持ちを受け入れて、やさしく応える（応答的対応）。

言葉を育む関わり方のポイント
喃語には喃語で応える。

協調性、社会性、生活力など、すべての領域において有益である。特に物語を通じての疑似体験は幼児にとって不可欠で、多様な経験の一助となる。

以下に、領域「言葉」に関わる代表的な児童文化を紹介する。

絵本

絵本の読み聞かせは子どもの感性を豊かにし、想像力を育てる。言葉の発達段階に応じた絵本を選び、保育者も楽しみながら絵本の雰囲気をつかんで、心を込めて読み進める。子どもは保育者のやさしい声を聴きながら、さまざまな語彙を獲得していく。

紙芝居

紙芝居は、物語の場面場面を描いた絵を順に見せながら、語り手が場景や筋を芝居仕立てに語る。子どもたちが語り手の言葉をしっかり聴き取れるよう、ゆっくり、はっきりと語り、物語の内容や場面にあわせた声色など、臨場感溢れる語りによって子どもたちの想像力が掻き立てられる。

言葉遊び

言葉遊びは、ルールがシンプルでわかりやすく、いつでもどこでもできる。子どもがすでに知っている言葉を引き出し、新しい語彙を増やすのに役立つ。代表的なものとして、しりとりやかるたの他、以下のようなものがある。

手遊び：「あたま・かた・ひざ・ぽん」「むすんでひらいて」「いとまき」「げんこつ山のたぬきさん」など。

数え歌：「いっぽんでもニンジン」「いちじくにんじん」「すうじのうた」など。

絵描き歌：「へのへのもへじ」「コックさん」など。

まとめ

本章のまとめとして「表6-2 幼児の発達過程と言葉の獲得」を掲載した。表中の発達過程の時期はあくまで目安であり、個人差が大きい。保育者は子どもが主体的に自分の世界を広げていくこと自体をその子の発達特性と捉えて、ものの見方や感じ方、考え方、関わり方を理解し、一人ひとりの発達の課題に応じた指導を行うことが大切である。

（今井美樹）

課題1　言葉の豊かさを実感できる言葉遊びと絵本の読み聞かせの指導案を作成する。
課題2　感情を表す動詞と形容詞を類語辞典などで集めて、喜怒哀楽に分類する。

参考図書
馬見塚昭久・小倉直子編著『保育内容「言葉」指導法』ミネルヴァ書房 2018
谷田貝公昭監修　大谷裕編著 『コンパクト版　保育内容シリーズ ④ 言葉』一藝社 2018

イラスト及び写真はイメージです（photoAC、illustAC）。

第7章　保育内容の指導法（表現）
「造形表現」

　本章では幼児教育・保育の五領域の「表現」に焦点をあて、「表現と造形」の指導法について解説する。
　1．「表現」活動とは何かを解説し、教育要領や保育指針の領域「表現」に照らし、その根幹となる子どもの想像力や表現の発達段階を取り上げた。
　2．造形表現活動を高めるための保育環境（物的・人的）を明らかにし、具体的な素材や指導法および指導案作成について考察する。

第1節　領域「表現」について

1．「表現」とは何か
　教育者ハーバート・リード（Read.H 1893 ～ 1968）は著書「芸術による教育（Education Through Art）」で「子どもはみな0歳から『表現』している」そして「人はすべて自分のことを知らせるため『表現』を渇望している」と語っている。「表現」とは何か。似た言葉に「表出（exhibition）」がある。赤ちゃんが泣くような生理的な欲求や、我々が一時的・直感的に持つ感情・情緒などが外に出る状態（現象）を指す。それに対して「表現（expression）」とは「心の中にあるものを言語・図・音楽・表情・行為などの形あるものに表すこと」つまり「自覚を伴った主体的な伝達的活動」である。

2．「表現」と「芸術」と「作品」
　人の五感は他者とも共有できる。特に視覚・聴覚は使用頻度が高く、通信機

器による交信も可能で、音楽・美術・文学など一般的に「芸術」という扱いとなることが多く、「制作する」側と「鑑賞する」側にも共通する感覚となり得る。ただ、表現活動が視覚・聴覚だけでなく、実は内には秘められた諸感覚や思い・願いなどが含まれたものと捉えることが大切である。つまり「表現活動」はさまざまな諸感覚や感性が複合的に構成されたものといえる。

3．表現方法の獲得

　われわれは、取り巻く「環境」から多くの知識・情報・経験や体験を通し自身が感じた感情・感性から「表現方法」を獲得する。このように「表現」するには外界から得る「印象（impression）」という受動的活動が伴う必要がある。

　つまり、入力（input）＝外から吸収した「印象」と外への出力（output）＝「表現」は表裏一体である。幼児も生活環境と造形表現は密接に結びついており、「表現方法の獲得」に向け「環境」を提供することが保育の環境整備となる。

4．「保育所保育指針」「幼保連携こども園教育・保育要領」「幼稚園教育要領」
　 の改訂にともなう領域『表現』について

　1歳以上は5領域に分けてねらいや内容が示され、「表現」について「感じたことや考えたことを自分なりに表現することを通して豊かな感性や表現する力を養い、創造性を豊かにする」とある（巻末資料 p.161 ～ 162参照）。

1歳未満については、領域はないが「身の回りのものへの親しみや興味・関心」「見る・触れる・探索するなど身近な環境への関わり」「諸感覚による認識・表情や手足・体の動き等での判断」といった表現に関わる記載があり、関心や好奇心、遊びをとおし音・形・色・手触りなどの気付き、手指を使う遊びなどで感情を表現する意欲を受け止めることが示されている。

　1歳以上～3歳未満の「ねらい」は・「身体の諸感覚の経験を豊かにし、様々な感覚を味わう」・「感じたことや考えたことを表現しようとする」・「生活や遊びの様々な体験をとおして、イメージや感性が豊かになる」の3項目ある。

　3歳以上は「幼稚園教育要領」と共通化され、「表現」の「ねらい」は・「いろいろなものの美しさなどに対する豊かな感性をもつ」・「感じたことや考えたことを自分なりに表現して楽しむ」・「生活の中でイメージを豊かにし様々な表現を楽しむ」の3項目で1歳以上～3歳未満との相違点に注目したい。

　「内容」は8項目、「内容の取扱い」は3項目あるがその1項目の後に「その際、風の音や雨の音、身近にある草や花の形や色など自然の中にある音、形、色などに気付くようにすること」という内容が付加された。これは、子どもたちが外の世界から感じて受け取ったものはすべて五感を通して享受されたものと解し、表現の際、保育者は子どもに寄り添って五感をくすぐり、その時感じた「情景」を再現できるような声かけとその感覚に共感する姿勢を求めている。

5.「遊び」と「表現」

(1)「遊び」とは

　小学校以上の教育現場は、学ぶ場所と時間が定められ、教科書を使ってカリキュラムに沿った内容に基づき基礎・基本を培っていく「学習の場」である（直接教育）。幼稚園・保育所・こども園も広い意味での「学習の場」であるが、それは「遊び」を中心とした環境下で学んでいく。

　幼稚園教育創始者のフレーベル（F.Fröbel,1782 ～ 1852）は「遊びは子どもにとって人間としての発達の最高の表現である」と述べている。健康な体、言語、社会性、探究心は「遊び」を通して育まれ、意欲や心情、態度が充実したものとなる。子どもにとって「遊び」は、好奇心に満ちた表現活動そのものといえる。

(2)遊びの発展段階と造形表現活動

　遊びは以下の様な発展段階をたどる。

- ・一人遊び　　　……自分自身の内面世界を広げるための大切な時間、子どもの自立の最初のステップとして重要
- ・平行（並行）遊び……周りの子どもが行っていることに興味を示し同じ遊びをしながらも相互に関わりを持たない状況（3歳児頃）
- ・共同遊び　　　……子どもたちで互いに関わりをもって遊ぶ（4歳児頃～）
- ・目的設定遊び　……子どもが自ら立てた目的を実現していく（5歳児頃～）

　子どもは最初、長期的な目的に向かって何かを行うことは難しい。目の前にある楽しみが唯一子どもを動かす原動力である。「遊び」をとおして何かに向かい、何かを感じている。「遊び」をとおした活動では、子どもたちの思いが表れる手助けや、成し遂げた成果に対してよい点や工夫した点を見つけ「感動を共有していく姿勢」が求められる。その中で子どもは、自分の技能の進歩や

満足感・達成感を味わい、またやりたいといった意欲につながっていく。

6．子どもの発達と表現

　「表現」の視点から発達を捉えてみる。各時期については成長や発達に個人差があるが、大まかなイメージとして捉え、表現の意味を見出してほしい。

(1)乳児（0歳）の表現

　能力的に低い存在として見てしまいがちであるが、生後まもなく自発的に有能性を持っており、言葉のない彼らは泣くことで援助を引き出し、コミュニケーションをとろうとする。保育者は泣き方などを含め、よく観察することで乳児の表現を理解し、どの援助を欲しているのか見極める。その際、保育指針「乳児保育に関わるねらいと内容」にもある以下の2点に留意する。

・玩具は、子どもの興味や関心を満たし、安全で形・色・大きさなど適切なものを選び、自由に遊べるように準備やまた安全点検を心がける。

・感情を発声や表情、体の動きなどで表現する意欲を積極的に受け止めて様々な活動を楽しむことを通して表現が豊かになるように支援していく。

(2)1歳児の表現

図7-1　1歳児のスクリブル

　保育指針では、1歳以上3歳未満の特徴として「基本的な運動機能が次第に発達（中略）、つまむ、めくるなどの指先の機能も発達し（中略）、発声も明瞭になり、語彙も増加し、（中略）このように自分でできることが増えてくる時期である」とあり、1歳児の表現は、周囲のいろいろなものに対して興味を示し、手で触ったり、ひっくり返したり、指を入れてみたりしていく。「描く」ことについては、図7-1に示すように自分の感情・考えを表そうとするわけではなく、材料体験の面白さからスクリブルという「なすりつけ」や「こすりつけ」をするようになり、自分の手の運動の痕跡が現れることに興味を持つ。

(3)2歳児の表現

　身体的能力が伸び、跳んだりはねたり、ぶら下がるなど全身を使いこなそうとする。ふたの開け閉めやはさみを使い出そうとするなど手先の器用さも増す。

何かを作るよりも、歩く・しゃべる・ものを
いじるなどの行為そのものを楽しむ。うまく
いかないとかんしゃくを起こす、言い出した
ら聞かないなども見られはじめ「第一次反抗
期」とも呼ばれる。

図7-2　２歳児のスクリブル

　描くことに対しては、図7-2に示すように
今までぎごちなく打ち付けていた点やこすり
つけも、強い線が引かれ、次第に曲線や円形
の線も描けるようになる。いたずらのような
この『なぐり描き』は、目と手の運動を一致
させるもので色と形を「感じる」ことと「あ
らわす」ことをくり返している（図7-3）。

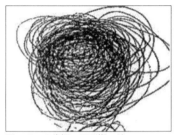

図7-3　２歳児の円形期の絵

　この時期を経てものの形が生まれてくる。
２歳半になると徐々に言葉の理解ができるよ
うになり、絵にも具体形が出てくる。

⑷３歳児の表現

　この時期の発達特徴を保育指針では、「運動機能の発達により、基本的な動
作が一通りできるようになるとともに、基本的な生活習慣もほぼ自立できるよ
うになる。」とある。２～３人で一緒に同じものを作っているが、一人ひとり
が自分のイメージの中で遊んでいる。いわゆる「平行（並行）遊び」である。

　造形面では、ものの形は簡単な線により表現され、知っている形が色々と描
けるようになり、形を作り出す工夫も見られてくる。ぐしゃぐしゃ描きをして
いるうちにお話をするようになり、線のかたまりや円形らしき物を指して、く
だものとか「○○さん」とか言うようになる。美しいものを見て「いい」とか
「美しい」とか感じる「感性」が育っていく
時期でもある。のりをつけてはりつけたり、
絵を描いて色ぬりをしたり、砂場で容器を
つかって型抜きをしたりして形を楽しむよ
うになる。

図7-4　頭足人間

　図7-4に示したように「頭足人間」も３～
４歳にかけて描かれるようになる。円形期

を経て顔を描くようになると家族の絵も並べて描ける。3歳児は創像的活動の基礎となる大切な時期であることを保育者は心がけておく。

(5)4歳児の表現

まわりの友達との関わりが深まり、一緒に遊ぶことが楽しい時期である。

（「共同遊び」）協力関係は充分に築くことはできないが、会話を楽しみながら一緒に作ったり、人の作ったものにも興味や関心を示して見せ合ったりもしていく。簡単な形をはさみで切り抜いたりもできるようになる。この時期の子どもの絵には、三角や四角や円らしきものが記号のように象徴的に表れる。見たり聞いたりの経験の中で、偶然に思い付いたことを象徴的に表すもので、自己中心的な時期である。

図7-5　カタログ期

絵の特徴は、描かれたものどうしがまったく関係がないこともあり、大小関係、因果関係、つりあいなどがとれていない。画面に木を描いたかと思うと次は魚、次は太陽という様に脈絡なく並べられて、商品のカタログでも並んだように描かれているので、「カタログ期」と呼ばれている（図7-5）。

この時期は言葉も豊富になっているので、物の大小の比較、正確さや順序などを批判せず、子どもに多く話をさせ、相槌をうち羅列的にたくさん描かせることも大切である。3〜4歳にかけてはたいていの子どもはこの段階に達し、知的欲求も目立ち、記憶力、思考力も発達し、知っていることや経験したことなどを表現しようとする（図7-6）。

図7-6　4歳児の子どもの絵

(6)5〜6歳児の表現

知的な面でも情緒的な面でも成長が著しく、人とは、家とは、自動車とはと一つひとつの事物について認識を持ち、それぞれの概念も形成されていく。例えば、家、木、太陽、山、花などに見られる記号的な要素がどの子どもにも共通して「図式前期」と呼ばれる。画面には上下左右ができ、大小のバランスや物と物との関係づけができてくる。色については、物の固有色を使う傾向がで

てくる。また、図7-7に示す「基底線 – ベースライン」が出現するようになり、画面の下に「地面との境界」に一本の線が引かれ、その線によって上下を分け区別をつけようとする。画用紙の画面下方に引かれることが多く、画用紙の下の縁をベースラインと考える子どももいる。線の上には、家、木、花、人物、動物などがベースラインの上に並ぶ。これがこの時期の子どもの空間認識である。

図7-7　5歳児　基底線の出現

⑺ 7歳以上の表現

　図式前期を過ぎて後期に入ると、物と物の重なりや遠近が画面に表現されてくるようになる。この時期になるとリアル（現実的）な見え方ができるようになり、少しずつ立体的な表現が可能になってくる。どのように見えているのか、どう表現すればよいのかなどの物の見え方については、少しずつこの時期から出発させることが重要となる。この「図式後期」に遠近感、ひろがりを画面の中にどう描くかを教えてあげることも大切である。

7．保育者の感性と造形表現能力

　9歳以降、モチーフをより客観的に描こうするようになる（写実期）。

　観察する力も表現する力も未熟なので見えているように描けず不自然な絵になってしまう。ものの形がどのように成りたっているか、平面上に立体的に描く遠近法などの技法を知らない子どもにとって写実的に描くことは難しい。

　絵が嫌いになってしまう子どもは多くの場合、見えた通り思った通りに描けないことに失望する経緯から描くことへの自信や表現意欲の喪失につながることも多い。保育者を目指す学生にもこのような段階で造形表現能力が留まっていることがある。ただ、教育現場で「幼児相手の造形表現だから大丈夫」と子どもと同様に記号のような絵や、形や空間、遠近の理解と描き分けができないレベルで本当に子どもの感性や能力が高めることができるだろうか。幼児と同じ様な絵を描き、それを見た子どもたちが同じ様な絵を描きということに陥ることが実は問題である。「虹」や「自然」の絵を描こうとする時に、虹の並ぶ色の順序（色は科学的に構成されている）の知識がない、多くの「緑」色が存

在する中で、色彩の構成法を知らずに準備すべき色の作り方がわからないという感性でどうして子どもたちに表現の助言や支援ができようか。幼い子どもたちは少しずつ成長しながら、見えている世界を見えているように描こうとしていくのである。中教審（中央教育審議会）において「教育の連続性」で幼・小・高連携が強く叫ばれ、教員の能力・資質向上が大きく要求される昨今、保育や教育をめざす人たちはこういったことを認識し、自身の知識や表現力をつけ、表現能力を高めていくことが大切であるといえる。

第2節　造形表現活動を高めるための保育環境

1．環境設定と表現を支える援助

　子どもは生活の中で無意識に「美しさ」を見つけようとしている。取り巻く環境や自然の移り変わりも好奇心や発見で新しい事実として全身で受け止めていく。多くのものを見、触れ、遊びを経験して子どもには社会性の拡がりとともに創造力にあふれる造形表現活動が見られるようになる。ただ、現代社会は生活環境の変化により遊びや経験活動の少ない子どもたちが増えている。表現活動を支援するには、保育者自身が常に自らの感性を高め、子どもに寄り添い、イメージを拡げる為の様々な角度からの手助けが必要となる。

2．保育者の創造性と造形活動の環境

　表現活動で「創造性（creativity）」ということがよく言われる。「創造性」とは新たな見方や考え方である。多くの印象（impression）をもとにイメージを形成し、その蓄積が新たな組み合わせや形の構成につながっていく。
　保育に携わる側としても、多くのものを見ることでイメージを蓄積し、描くものの組み合わせを変えたり、大きさを変えてみるなど視点や見方を変えればどのように映るのかなど模索することが子どもへの助言の鍵となる。
　発想のヒントや新たなイメージを得るためには、模倣からスタートするのも必要なことである。ただ、既存のものやその組み合わせだけでは創造的とはいえない。保育実習で出会う子どもたちにむけた作品制作で「6月」は「雨」や「紫陽花」「カエル」「カタツムリ」など定番のイメージだけではありきたりの

表現になってしまう。同じ組み合わせであっても形やポーズ、位置、大きさ、見ている視点を変える、窓越し見える風景を描くなどで作品には変化や創造性が見えてくる。子どもたちが大いに創造性を発揮していくには、その支援にあたる保育者自身が創造的でなければならない。残念ながら学生の中に、作品を制作する際、web上にある作品をヒントではなく、そのまま写して制作、作品とするのも見受けられる。だが、このような姿勢は、自身の「創造性」を阻害するだけでなく、倫理上の問題も生じることになる。

　造形活動を行う環境とは、その活動を支援していく保育者の創造性溢れた表現への助言と言葉掛けが、子どもたちの創造性を育むことになるのである。

3．造形素材との出会い

　造形表現は「素材との出会い」から始まる。「造形とは、目と手を使い、五感を働かせながら様々な描画材を用いて形と色を表したもの」である。子どもは視覚による形と色だけでなく、五感を使い、手触りや音、においなどを感じながら素材と主体的に関わっていくのであり、この感性を大切にしたい。

　保育現場でよく使われる素材として次のようなものがある。
・自然物　水、花・草・実・小枝、土・砂・石　など
・人工物　画用紙・段ボール・新聞・紙皿・紙コップ・プラスチック・布
様々な素材に出会い造形活動するには、豊富な材料収集を行うことにある。

4．教材づくり（教材研究）

　「教材」は、保育や教育の現場で保育者と子ども、子どもと子どもを結びつける役割を持つ。関心や好奇心を刺激するとともに、年齢等の発達や子どもの実態に即して計画されるものである。材料や用具などの準備物やレイアウトだけでなく、活動のねらいや時間、その活動をとおして子どもたちに培いたい力、援助や言葉がけの内容まで計画し、「させる」のではなく子どもたちが主体的に「したい」と思って取り組む活動となる様「導入→展開→まとめ」という流れで指導実践していくことをいう。その教材によって「何を感じてどのように表現したくなるか」を考えて計画準備しなければならない。素材の特徴や使用する道具の使い方など自身が十分に理解し、絵を描く、写真資料の作成をするなどわかりやすく伝えられるよう工夫する。完成見本も描く、作るなどする。

こういうときこそ保育者の造形表現能力が要求される。

　表現しやすい環境構成も大切で、材料・用具の準備だけでなく、壁や目につく場所に季節を感じさせる自然物や絵本、自身が制作した掲示物などを配置するとよい。どのタイミングでどんな支援が必要かも確認しておく。あくまでも主役は子どもで彼等の視点に立ち、無理な計画を立てないことである。

5．造形活動の保育指導計画と保育指導案作成について

(1)保育指導計画をたてる

　題材は、担当する園・年齢・クラスの実態・実施する季節などを考慮して決める。「造形遊び」・「えがく」・「つくる」の3つの視点から考えていく。

　①「造形あそび」……素材と関わり見たり感触を楽しんだり、何かの技法を楽しんだり、身体を使ってあそぶなど、何かをかく・作るという目的ではなく、形や色を楽しみながらあそぶことが目的の活動。

　②「えがく」……どのような描画材料で何を描くのか、見たことや経験したことをえがく、絵本や物語を聞いて想像してえがくなどによって自分の思いを絵で表現して作品とすることが目的である。

　③「つくる」……何かの素材を使い立体的に表現する工作活動。どんな素材を使って何をつくるか、粘土で動物、季節に応じたオーナメント（飾り）づくりや廃材や牛乳パックを使った置物、モビール作品などをつくるのが目的である。

(2)保育指導案の作成にあたって

　保育指導案作成では、まず以下の項目について整理して記載する。

　①題材名……3つの視点から考えたものの中からふさわしいものを選ぶ。

　②題材設定の理由（幼児観・題材観・指導観）……幼児の実態や題材の持つ意味や価値観、保育の構えなどを記載（簡素化して可）

　③活動内容……題材名の補助説明、具体に何をするのか簡潔に記載する。

　④ねらい（目標）……題材を通してどのような素材体験や何を感じさせたいのか、どのような力をつけさせたいのかなどを2〜3点程度記載する。

　⑤導入と展開……時間設定や環境構成、幼児の活動内容、指導上の配慮と援助を表で対比的に記載していく。

　　・時間設定……開始から何分後でもよいが、開始および終了時刻が決まっ

ているようならその時刻を記載してもよい。

・環境構成……準備物は、何処にいつどのくらいどのように置くか、また子どもたちや机の配置および動線など、どのような環境下で実施するのかを具体的に示す。必要に応じて図で記載していく。

・幼児の活動内容……保育指導の中で、子どもたちはどのように動き、どのようなことが予想されるかを具体に取り上げることで支援の実際が見えてくるので、できるだけ具体的に記載していく。

・指導上の配慮と援助……一斉実施する場合、全体への説明としての導入部分が大切となる。これから行う活動にどのように興味や関心を高めていくか、どのような目的でどんな活動をしていくのか、どのように意欲を高めるかなどを具体的な声かけとともに記載しておきたい。また、子どもの動きに対し、子どもの思いが表現されるのにどのように支援していくかを考えて記載しておく必要がある。

(3)保育の実践

指導案に基づき活動をスムーズに進めるには、活動時の材料や用具などの事前準備や、模擬保育などを行い、時間配分やどのような配慮や援助を行っていくかを考える。また、「条件」や「選択」の場を与えることによって表現活動しやすい「手立て」や「仕掛け」を設けるように実施していくことも重要である。いずれにしても子どもが中心となり、主体的にいきいきと活動していけるよう配慮して計画していくことが何よりも大切になってくる。

（吉垣隆雄）

参考図書
谷田貝公昭監修『造形表現』（新・保育内容シリーズ6）一藝社 2010
樋口一成編著『幼児造形の基礎』萌文書林 2018

第8章　保育内容の指導法(表現)「音楽表現」

　平成元年より、5領域の一つの領域として「表現」が示された。それまでの6領域で示されていた「音楽リズム」「絵画制作」が小学校以上の教科教育のように扱われたことも改定される大きなポイントとなり、「表現」としての領域となった。

　幼児教育現場において、領域「表現」は保育者が教えることではなく、乳幼児が様々な表現方法で自らを表現していくということである。またその表現過程に保育者が気づき、保育を展開する力量が必要である。しかし一方で、これまでの歴史的背景からみても、保育現場において「音楽」を教育するという姿勢、意識はまだ根強く残っている。

　そこで本章では、幼児教育における保育内容「表現」の中での「音楽表現」について解説し、保育者として表現する力をつけるための方法も習得する。

　1．領域「表現」における「音楽表現」の在り方とその展開方法
　2．幼児教育現場における音楽の実態とその課題
　3．保育者として「表現する」力をつけるために

第1節　領域「表現」における「音楽表現」の在り方と　その展開方法

1．領域「表現」の中での「音楽表現」

⑴領域「表現」

　感じたことや考えたことを自分なりに表現することを通して、豊かな感性や

表現する力を養い、創造性を豊かにする。

　この領域「表現」として始まった当時の保育関係者でさえも（専門家であるため、それまでに６領域で行っているからこそかもしれない）、平成以前の教育要領で示されていたように「音楽リズム」「絵画制作」が組み合わさり、ひとつの「表現」という領域になったとの理解を多くなされていた。

　しかし、「表現」を考えてみると、音楽や（現在、幼児教育では使用していない「絵画制作」が変わり）造形だけであろうか。言語表現、身体表現、その他にも「表現」とは様々な方法があるであろう。保育者養成校においては、「音楽表現」や「造形表現」と分化した形での指導を行うのが一般的であるが、学ぶ側はそれを自分の中で融合してほしい。

　自分なりの表現方法とは、子どもにとっても保育者でも、それぞれ異なり、また表現しやすい方法も個々人によって様々である。そのことを理解し、表現する子どもたちと共に表現することを楽しめる保育者を目指している。

　この章では以上のことを念頭に置きながら、「音楽表現」を解説する。

⑵領域「表現」のねらい（巻末資料参照）

　①いろいろなものの美しさなどに対する豊かな感性をもつ。

　「心情」についてのねらいである。「ものの美しさ」というと私たちはすぐに形あるものを想像してしまいがちだが、そうではない。例えば、音楽表現では「この季節が一番好き」「もっと歌いたい」と感じることである。

　「表現」とは広辞苑によると「心的状態・過程または性格・志向・意味など総じて内面的・精神的・主体的なものを、外面的・感性的形象として表すこと。また、この客観的・感性的形象そのもの、すなわち表情・身振り・動作・言語・作品など」と書かれているが、自分が心で感じたことを「外に出す」ことである。最近の学生に「感じたことは」と質問すると「普通」との返答がよくあるが、それは感じたことがないのか、感じているがそれをどう言葉に表現したらよいのか、と思っての発言かがわからない時がある。また「豊かな感性」というと、プラス思考の発言が正しいかのように思うようだが、「暗い」「嫌だ」「おもしろくない」といった表現もすべて、そう感じることができる「豊かな感性」である。それが言葉で表現するだけでなく態度、音楽、造形、身体など様々な表現手段によるものである。

　人は産まれたとき、「表出」から始まるが、それが何か対象となるものに伝える、感じてほしいところから「表現」は始まる。そのために幼児教育現場においてはどう関わり、子どもの表現に気付き、認めるのか、という感性を保育者自身が持ってほしい。

　②感じたことや考えたことを自分なりに表現して楽しむ。

　「意欲」についてのねらいである。幼児教育現場において、「自分なりに表現」することは、子どもそれぞれが多種多様な方法によって表現することを理解したい。前述のように音楽、造形、身体、言語などに限らず、子どもの表現は大変、興味深いものである。これは子どもに限ったこともなく、以前の学生でこのようなことがあった。

【事例１】
　「幼児の音楽表現」という科目では、歌や楽器演奏を通して、音楽の表現方法を学習する授業である。この授業で、ある男子学生はいつも教室後方に座り、歌唱時にも蚊の鳴くような声でしか歌わないため、本人に尋ねてみた。「ねぇ、この授業楽しい？」そうすると、目も合わせてくれなかったが、一言「楽しい」しかし私自身が「本当に楽しんでいるのかな」と感じながら、数週間が過ぎた。一方で女子学生たちの方が元気よく、「授業楽しいなぁ」との発言を聞くと、やはりあの男子学生は楽しくないのではないか、と思っていた。ところがある日、歌唱曲を歌いながら、この男子学生が指先一本でリズムをしっかり刻んでいる様子が見られた。これまでにはなかったことで「リズムしっかり刻んでいたね」と授業後に声をかけると、「この曲好きやから」という答えが返ってきた。「好きなことが伝わってきたわ」と伝えたが、このことをきっかけにこの学生は楽器演奏などで力を発揮し、他の学生を驚かせていた。

　このことは筆者自身の反省でもある。見た目に活発に動いたり、発言したりすることをどこかで「表現力豊か」と感じてしまっていたのである。この男子学生の「自分なりの表現」を見逃してしまうところであった。

　特に音楽の場合、「歌がうまい」「楽器のリズムをきちんと刻める」といった技術的なものに焦点が当てられがちだが、これは養成校、幼児教育現場ともに言えるのではないだろうか。このように言うと、「表現への気付き」が保育者にとっても大変重要になると思うが、子どもの表現は面白い。大人になるにつれ、周囲の環境からそのような面白い表現感覚が乏しくなる（実は隠しているだけであると思っている）のが残念である。子どもに学ぶ保育者になってほし

い。

　③生活の中でイメージを豊かにし、様々な表現を楽しむ。

　「態度」についてのねらいである。生活の中でのイメージを豊かにするものとしては、「ごっこ遊び」がよく取り入れられている。そこにも音楽表現していると感じることがよくあるが、このような体験を子どもたち自らが作り出していたことがある。ここで紹介する。

【事例2】

　11月のある時期の保育所での出来事。4歳児の子どもたちは一生懸命、新聞紙を丸めて筒状のものを作っている。できた筒で床を叩いてみて、子どもたち同士で相談しながら「弱いな」と感じているのか、もう一枚巻いてみる工夫、のりがはがれるのでテープで巻いている、何度も叩いて確かめているなどの様子も見られた。（納得して）完成すると振り回したり、床を叩いてみたり、と保育者は「少し危ないな」と感じながら観察していた。ところがそのうち、積み木を太鼓に見立てて「そーりゃ、そーりゃ」と叩いている姿が見られた。ちょうどこの時期、地域での秋祭りの稽古に保護者や兄弟が参加している（あとで保護者に聞くと、「まだ小さいので参加はさせてもらえないらしい」）。そのリズムが地域のお祭りの練習で聞こえてくるものとぴったりはまっている。また、バチに見立てた新聞紙の筒もそのために固く、しっかりとしたものを作ったのがわかった。さらに発展し、保育者に「はちまきを作ってほしい」と頼みクラスのみんなで頭にはちまきをまき、リズム感よく保育室を練り歩く姿には、保育者も「みんなかっこいい」と思わず声をかけた、ということである。

　保育者が誘導して何かをさせるのではなく、自然発生的にどこからともなく遊びが作られていった。幼稚園教育要領等の中でも指導計画作成上の留意点として「主体的・対話的で深い学び」が挙げられているが、この遊びでは保育者はじっと遊びの様子を見届け、年齢に応じた補助だけを行った。リズムの難しい子どもにも「もっかいやって。ほら、こうやで」「もっと手上げて」と教えているなど、子ども達で作り上げたことが自信にも繋がったようである。またこの後、5歳児クラスが和太鼓に取り組んでいるのを見学し、「自分たちもやってみたい」と意欲を見せ、実際に叩いてみると「楽しかった」「面白かった」「またやりたい」という声が多く聞かれた。「重たいから、積み木の方がいい」という子どもや「大きい音でうるさかった」など、それぞれが感じたものがあり、イメージから発展した活動で、子どもたちの感性は一段と磨かれたような出来

事であったと捉えていえる。

　この保育者のように遊びを見届けながらも、子どもの表現力の豊かさを感じ、認められる保育者になってほしい。

2. 領域「表現」の内容（巻末資料参照）

　内容では、「音」や「音楽」という文言が入っているものだけが「音楽表現」に関するものではない。3つのねらいを達成するための具体的な内容であり、すべてに音楽表現も含まれている。

　例えば「(7)かいたり，つくったりすることを楽しみ，遊びに使ったり，飾ったりなどする」とあると、造形をすぐにイメージするかもしれない。しかし、子どもたちは遊びの中でよくオリジナルの即興ソングなどを作っている。誰かが歌いだすと、同じフレーズを何度も繰り返し、他の子どもたちも真似をして歌う。先述の太鼓遊びも「どうやったら、いい音、出したい音になるか」ということを子ども自身が工夫しながら作り上げることは、もちろん「作る」という造形の要素も入りながら「(5)いろいろな素材に親しみ，工夫して遊ぶ」に当てはまるであろう。また、「手をあげるともっといい音になるかな」ということであれば、身体表現であり、音楽表現である。お友達に「どう言ったらわかるかなぁ」と子どもなりに考えて教えていることは言語表現である。要するにすべての内容に「音楽表現」の要素もあり、様々な表現が含まれている。保育者が「これは造形、これは音楽」と分化して考えるのではなく、大きく表現活動があるということを理解しておく必要がある。

　また幼児教育では、領域自体も一つひとつで完結するわけではなく、「遊びを通した総合的な保育」を行うためには、表現を主として5領域を考えた場合、左記の図8-1のように考えられる。「音楽表現」において「歌を歌う」活動の側面から他領域との関連性を考えると、例えば、領域「健康」……姿勢よく元気に歌う、「言葉」……歌詞を発する、言葉を覚える、「人間関係」……お友だちや先生と一緒

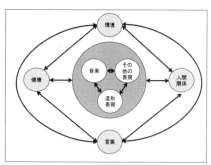

図8-1　領域「表現」を中心としたその他の領域との関係

に歌う、「環境」……季節を感じながらその季節の歌を歌う、保育室や廊下など、音の響きを感じながら歌う、などと考えられる。また、<u>幼児期の終わりまでに育ってほしい姿</u>」の中でも、領域「表現」と直接つながるのは「豊かな感性と表現」と考えられるが、その他にも「自立心」「思考力の芽生え」など、全ての姿を音楽を通して育てていくことができる。

第2節　幼児教育現場における音楽の実態とその課題

保育者養成校においては「表現」が各専門分野に科目が分かれ、学生自身がこれまで学んできた学校教育での学習のイメージからも「音楽教育」と理解されやすい。また、「表現」をするための基礎技術が伴っており、保育者養成校での音楽＝ピアノだと認識している学生、保育者も少なくないが、様々な場面の中での音楽表現のあり方をしっかり理解したい。

1. 一日の保育の中で

⑴歌唱

子どもたちは、登園し、登降園のあいさつの歌を歌う。一日の始まりを表す歌で始まっていることも多い。また、季節に応じた歌を歌うことも多い。

保育者は、ピアノでの伴奏が一般的であるとされるが、アカペラ（無伴奏で歌のみ）やギターでの伴奏など、様々な形で歌うことができる。但し、アカペラは基準となる音（伴奏）がないため、保育者がしっかりと歌い、全体を牽引していかないといけない。

⑵身体表現

様々な分類方法があるが、ここでは以下のように分類する。

　①手あそび……手あそびは、幼児教育現場でも頻繁に行われている。無伴奏の歌に合わせながら行う。五指の発達や模倣することなど年齢、発達に応じた多くの遊びがある。

　②指あそび……手あそびに含まれることもあるが、指のみを使って遊ぶ。手あそびよりも、指のみの独立した動きが中心となるため、比較的年齢の高い子どもたちに取り入れられることが多い。

③お手合わせ……お手合わせは誰かと「手を合わせる」のである。それだけに一人ひとりの動きができていたとしても、リズム感よく二人の息が合っていないと成立しないあそびである。

④身体あそび……身体全体を使った遊びで、「ギャロップ」「スキップ」など体育的要素、ダンスなどもある。

(3)楽器

　幼児教育現場でよく用いられる楽器としては、カスタネット、すず、タンブリン、トライアングルなどが一般的である。子どもたちが関心、意欲を持てるよう日常の保育の中でも演奏できる機会があるとよい。

(4)聞く音（音楽）

　登園時やお昼寝の時にCDで子どもたちを迎える。保育者がピアノ等で演奏する。私たちは音楽で「何かをする」ことをすぐに考えてしまいがちだが、「聞く」ことも大きな音楽活動であり、周りに溢れた音に耳を傾けることが、最も身近な音を聞く機会である。

2．幼児教育現場での保育の実態と課題

(1)私たちのまわりにある音

　私たちの周り、家庭や社会には音は溢れている。家にいれば、テレビやCDの音はもちろん、電子レンジや洗濯機の終了の合図、スマートフォンも電話やメールで着信音が異なり、どこから鳴っている「ピー」なのかわからなくなるぐらいである。今、このような時代だからこそ幼児教育の現場での音、音楽の果たす役割は大きいのではないだろうか。

　今回の幼稚園教育要領ほか領域「表現」の内容の取扱いでは、(1)(3)のみ新たに加わった。「その際，風の音や雨の音，身近にある草や花の形や色など自然の中にある音，形，色などに気付くようにすること」「様々な素材や表現の仕方に親しんだり」は、保育者としても改めて心に留めたい点である。

> 【事例３】
> 「焼き芋大会をするから、みんなで落ち葉を集めて」と保育者の声がけに、一斉に競争しながら落ち葉を集める５歳児の子どもたち。その中で、集めないで落ち葉を踏みしめている子どもがいる。子どもたちから「○○くん、ちゃんとあつめてよ。焼き芋たべられないよ」と言われているが、全く聞く様子はない。

保育者も集めるように促そうとしたところ、「いい音するやろ？いっぱいあるところはこんな音、ちょっとしかなかったらこんな音」と自分で試しながらキュッ、キュッと鳴らすことを楽しんでいる。保育者はその姿を見て、「みんな○○くんが、葉っぱの音いい音するって鳴らしてるよ。みんなもやってみる？」と鳴らすことを楽しみ、遊び、焼き芋大会は明日に伸びました。

　事例3では、保育者は落ち葉ひろいだけでも「自然に接した活動」だと思っていたが、子どもの面白い発見に、クラスのみんなで楽しみ、「どうやったらそんな音なるの？」「いっぱいあるけど○○くんみたいに鳴らない」など、経験をすることで踏む感触や音の違いを感じていた。子どもが自ら見つけた活動に、この保育者はクラスの子どもたち全員で共有することにすぐに方向転換したのである。

⑵音楽表現での課題

　先に述べた音楽表現方法を用いながらも、その他、様々な場面での音楽表現はある。聞く音楽も、「メロディーの音が高くなったら」活動の区切りがわかる、というのは良い面でもあるが、惰性的になってはいけない。音楽が有効に働いているかは検証する必要がある。

　一方、音楽は「合唱」「合奏」など、発表の場も多い。その時に始めて触れる目新しい楽器での合奏に子どもたちは高揚し、達成感を得ることもあるだろう。しかし幼児教育の求めている音楽表現は、「上手な演奏」や「高度な演奏」ではない。「見せる」ためではなく、音そのものを楽しむことが本来の幼児教育では行われるべきである。それには保育者自身が楽しめることが大切であろう。

⑶小学校以上の音楽との関連

　小学校以上では「音楽」という教科があり、幼児教育とは直接、結びつかないと思われがちであるが、幼稚園教育要領等での意義を理解した上で保育を行いたい。また、小学校でも「表現力の育成」は大きく掲げられており、その素地を育てていく大切な時期であること、幼児教育ではその基礎を培うことを理解しながら、「表現」教育を進めていきたい。

第3節　保育者として「表現する」力をつけるために

保育者として「表現する」力をつけるための音楽基礎知識を学ぶ。

1. 音の三要素と音楽の三要素

(1)音の三要素……高さ、大きさ、音色

(2)音楽の三要素

・メロディー（旋律）……様々な音の高さからできているもの。歌えるもの。

・ハーモニー（和声）……複数の音（重音、和音）やメロディーに対する低音。

・リズム（律動）　　……音の長さ。八分音符や二分音符といった音符で表される。

メインメロディーを「主旋律」、主旋律を引き立てるメロディーのことを「副旋律」という。

2. 読譜に関すること

(1)譜表

　楽譜（五線譜）では、上段に高音部記号、下段に低音部記号で書かれ、カッコで結ばれたものを、「大譜表」と言い、主にピアノやオルガンなどで使用されている。拍子記号は、基準となる1拍の音価を定め、1小節に拍が何拍あるかを表している。例えば、この右記であれば、「四分音符を1拍として、1小節に4拍ある」。また、打楽器などの記譜には一線譜も用いられる。

高音部記号
（ト音記号）
拍子記号

（低音部記号）
ヘ音記号

(2)強弱記号など

記号	読み方	意味	記号	読み方	意味
ff	フォルテシモ	とても強く	*mp*	メゾピアノ	やや弱く
f	フォルテ	強く	*p*	ピアノ	弱く
mf	メゾフォルテ	やや強く	*pp*	ピアニッシモ	とても弱く

(3)楽語記号

音符	読み方	同じ長さの休符	読み方	長さ (♩ を1拍とした時の長さ)
o	全音符	—	全休符	4
♩.	付点二分音符	▬	付点二分休符	3
♩	二分音符	▬	二分休符	2
♩.	付点四分音符	₹·	付点四分休符	1.5
♩	四分音符	₹	四分休符	1
♪.	付点8分音符	7·	付点8分休符	0.75
♪	8分音符	7	8分休符	0.5
♫	16分音符	⁊	16分休符	0.25

(4)調号(保育で頻出するもの)

ハ長調
イ短調　　ヘ長調
ニ短調　　変ロ長調
ト短調　　変ホ長調
ハ短調　　ト長調
ホ短調　　ニ長調
ロ短調　　イ長調
嬰ハ短調

(5)速度記号

速度記号	読み方	意味	記号	読み方	意味
Adagio	アダージョ	緩やかに、ゆったりと	Moderato	モデラート	中ぐらいの速さで
Andante	アンダンテ	歩くような速さで	Allegro	アレグロ	速く

⑹演奏表示

　上記の演奏表示記号は、覚えて演奏の際には活用できるようにしておくと良い。

　以上に掲載した演奏のための基礎知識（楽典）は、ほんの一部にしか過ぎない。
これらを理解し、音楽を通して子どもと、また何よりも保育者自身が楽しめる
ことを、この「表現」では示されているのである。

（寄　ゆかり）

課題1 保育内容「表現」における音楽表現のねらいを述べなさい。

課題2 音楽表現による保育を展開するにあたって、保育者に必要な音楽の力を述べなさい。

参考図書

文部科学省『幼稚園教育要領』2017

岡健、金澤妙子編著『演習 保育内容 表現』建帛社 2019

小泉文夫著『子どもの遊びとうた－わらべうたは生きている』草思社 1986

L. チョクシー／ R. エイブラムソン／ A. ガレスピー／ D. ウッズ 共著『音楽教育のメソードの比較』全音楽譜出版社 2000

第9章　保育内容の指導法（表現）「総合表現」

　保育内容「表現」とは、「身体表現」「音楽表現」「造形表現」「言語表現」など様々な表現がある。また、すべての領域においても、それは乳幼児が「表現」することともいえる。

　幼児教育現場においては、一つひとつの領域を区切って保育することはない。また、「表現」領域においても、様々な表現方法が相互に関わり合い、影響を及ぼしながら保育を展開しており、その力も総合的に育っていくと考えられる。

　そこで本章では、以下の内容について理解し、総合的に「表現」を往還できるその実践方法を学び、現場で展開できる保育を習得する。

1．様々な「表現」の在り方について
2．「総合表現」として展開するために保育者が身につけておくべき力
3．幼児教育現場に広がる「総合表現」

第1節　様々な「表現」の在り方

1．「表現」とは何か

　領域「表現」については、本書においても「造形表現」「音楽表現」そして「総合表現」の3章にわたって示されている。前2章は、これまでの経緯もあり、日本の多くの養成校の科目としても設置されている（名称は各養成校による）。大場牧夫は、著書『表現原論』の中で「私は領域『表現』というものは、音楽、造形、劇的表現、こういうものにこだわらないで、もっと"人間の表現とは何か"ということを考えることから出発して考える必要があるのではないか」と

著している。

　いずれの章においても、「『表現』とは、これだけではない」と表し、一方で
はその表現を行うための基礎技術も身に付けていかなければ、時には「表現し
たいものが表現できない」ことにも繋がる。何とも矛盾しているのかもしれない。
すべての領域において「表現」しているのであり、養成校で学んだように「造
形表現」「音楽表現」と分けるのではなく、保育者自身がそれをどう捉え、往
還させていくかで、保育の展開は変わる。「表出」については、第7章を参照
してほしいが、「表出」することを自身が認識することも大切だと考えている。

　今回の改訂でも、基本的に1989年の改定以来の5領域の考え方は変わらない
にも関わらず、未だ技能的な部分を追い求めている保育も少なからずあること
は、私たち保育者養成校においても大いに反省する部分でもある。

　そのように科目設定している現実もあり、また本章においても「総合表現」
と示していることで、何かと何かを合わせてというイメージが強くあるかもし
れないが、そうではなく大きく「表現」と捉えてほしい。

2.「総合表現」とは何を表しているのか

　保育でも社会においても、「表現」することはたくさんある。

【事例1】

　ある日の大学での授業。学生がメモを取らない様子に「書いておかないで、
大丈夫？」と声をかけると、「大丈夫」という答え。講義終了時のミニレポート
を記入する時になり、「筆記用具を忘れたので貸してください。」と言うので、「な
ぜ、最初に言わないのか？」と教員は叱り口調。きっと叱られるのが嫌なんだ
ろう、と思いながらも、「最初に聞いた時に『大丈夫』と言ったのは、どういう
気持だったのかな？」「叱られるだろうな、と思ったので、1時間のことだし、
そのまま黙っておいたら時が過ぎて終わる。そう思っていたけれど、ミニレポー
トのことを忘れていた。そして授業のメモもできなかった。こんなことなら早
く言えば叱られることも最初だけでよかったのに」と自分で反省していた。

　この文章のどこが「表現」だと感じただろうか。養成校で学んでいると、何
かの技術をもって表すことを「表現」だと思いがちである。しかし「表現」は
どのような場面でも、方法でも表すことができるものである。あえてここで幼
児教育現場の事例を出さなかったのは、どこにでもある「表現」を見逃さない

でほしい、と考えてあげた例である。

「忘れました」という一言が言えなかったこと、それならば友人に「貸して」とお願いすること、教員に聞かれたのに「大丈夫」と言ってしまったこと、など、この事例だけでも「創造性をもった表現」の場面のチャンスは多く見受けられる。最後に叱られてしまったが、これも教員は忘れたことを叱っているわけではなく、最初に聞いた時の答えの「大丈夫」を言ってしまったことで、このような結果になったことに気付いてほしい、というねらいでの指導である。ここで自分だったらどう「表現」していただろうか。少し考えてほしい。また、教員が叱ったことで「何もそんなに怒らなくても」という学生がいるが、そうではない。「どうしたらよいか」「どうしたらよかったのか」を考える、想像する、表現することを提起しているのである。

「総合表現」というと、造形、音楽、言語、身体などを伴った劇的表現と思われがちであるが、それはひとつの例にしか過ぎない。どのような場面であっても、どのような保育内容であっても「表現」はついてくる。つまりいつも「総合表現」だと捉えてよいのではないだろうか。しかしその方法は、多様である。例えば音楽でも「歌」で表現することが適していると保育者が判断し、また子ども自身も「歌」をいきいきと歌いきる場面がある。それは歌が一番、自分を表現しやすいのであろう。しかし一人でも歌える子ども、友だちとだったら大きな声で歌える子ども、歌は緊張するけれど太鼓なら出したい音に繋がる、自分の感じていることを伝えやすいなど、十人十色ではないだろうか。しかしこれこそが「総合表現」である。それを保育者は見逃さないで、感じ取ることが必要である。

幼児教育現場で目にする光景のひとつに、保育者の思い描いている「表現」に沿わないと、そこに近づけるように、もしくは修正として保育者のイメージ通りに指導している姿を見ることがある。どこでどのような形で表されるか予想もできない子どもの表現を、保育者がどう受け止めるか、受け止められるかが大変重要になってくる。これには保育者自身の気づき、感性とともに、場に応じた対応ができる力、即興力を身につけるべきであろう。

【事例２】
　外遊びで今日は砂場で遊んでいた４歳児。プリンカップで小さなお山をいくつも楽しそうに作っていたＡちゃん。ところが隣で遊んでいたＢちゃんが、転んだ拍子にそのお山をお尻で壊してしまう。Ｂちゃんは「ごめんね」と謝るのだが、Ａちゃんは泣きやまない。喧嘩が始まるのではないかと心配した保育者は「Ｂちゃんが『ごめんね』って何回も言っているから許してあげて」とＡちゃんに伝え、泣き止むよう促した。しばらくは涙も止まらなかったが、その後、Ａちゃんは、「お山がつぶれてしまってかわいそうで『痛かったね』って思ったら、涙が出てきた」と、Ｂちゃんのことよりも、作ったお山に対して泣いていたことがわかった。保育者は改めてＡちゃんのやさしさに心が温まり、「Ａちゃんってなんて優しいの」と思わず抱きしめた。

　この事例の場合、この現場にいたら「『せっかく作ったお山を壊された』と泣き出した、悔しい思いをしているＡちゃん」と思うであろう。「何度も謝っているＢちゃんを許してあげないＡちゃん」と見ていたかもしれない。しかし泣き止んでよかった、と終わるのではなく、お山に「痛かったね」と優しい気持ちを持っていたことを聞き出すことができた、子どもの感性に気付くことができた保育者は素晴らしいのではないだろうか。

　「表現することが苦手」という学生は多い。しかしそれは例えば「劇発表で役者になって演ずる」「舞台で声を出すのが苦手」など、劇的表現、劇づくりにおいてであり、その表現方法もまた多様である。劇的表現では、自分の知らない自分に出会えている例も多く見てきた。表現することに喜び、楽しみを感じ始めた学生にも出会った。だが、それだけが表現ではない。自分の周りにある「表現」はいくらでもあるであろう。

第２節　「総合表現」で保育者が身に付けておくべき力とは

１．保育者の「豊かな感性」

　第１節において、子どもの「表現」を見逃さない、感じ取ることができる力が必要である、と記した。事例２にもあるように子どもの本当の涙の意味を知り、優しさに感動できる保育者は豊かな感性の持ち主ではないだろうか。「ど

うして泣き止んでくれないのか。困ったな」と、どうしたら泣き止んでくれる
か、という手法にばかり視点がいくと、子どもの感性にも気が付かなかったで
あろう。感性とは、物事を見たり聞いたりした時の「感じたこと」である。そ
れは何も「よかった」「楽しかった」とポジティブな感覚ばかりではない。「面
白くなかった」「聞きたくなかった」との感情が動くことも感性である。学生
に感想を求めると、前者の意見が圧倒的に多い。しかし本当にそうであろうか。
反対の意見や、ネガティブな意見であっても良いのではないか。ポジティブも
ネガティブもあってこそ、感性に膨らみ広がりが出る。学生たちを見ていると、
本当に感じたことを表現すると「間違い」であると指摘されたことがあるのだ
ろうか、自分のそういった感情をどこかで封印していなだろうか、と感じるこ
とがある。「感じること」に正誤はない。どう感じたか、それが「豊かな感性」
に繋がると考える。
　子どもたちを見ていても、次のようなことを感じる。保育者の求めている答
えた子どもが先生に褒められるのを見て、他の子どもたちも同じような回答を
し、全く違った（時には見当違いな）答えをする子どもが、みんなからからかわ
れたり、責められたりする。「感じる心」がある子どもには、素直にそのこ
とを認めてあげる、その感性を保育者は身につけなければならないと思う。そ
のことを他の子どもたちと共有できるようなクラス運営に繋がると、子ども達
も育っていくのではないだろうか。保育者も子どもたちも多様な感情を持ち、
それを広げていくことで「豊かな感性」は磨かれていくと考えられる。

２．保育技術で何を学ぶか

　上記のように述べると、「それでは技術的なことはなくても保育はできるの
では」と思われがちだが、その多様な表現方法を学ぶことは保育者にとって大
切な点である。例えば、「私は感性が豊かだから、ピアノはできなくてもいい」
との発言がある。保育の専門家となっていくためには、自分自身に多様な引き
出しを持っておくことが必要である。そのために経験し、習得するのである。
　音楽でも歌、ピアノ、手遊び、ギター、太鼓、ボディーパーカッションその
他、多様な表現方法がある。言語表現においても、話す、書く、日本語、外国
語、また、身ぶり、手ぶりなど非言語表現、身体表現など、「表現」とは奥深く、
しかし面白いものである。そしてそれらを技術的に向上することが最終目的で

はなく、一表現方法として学ぶということを養成校では行っているのである。しかし、学生はもとより、養成校教員側も技術向上を目指すことが目的のようになり、本来の領域「表現」とはかけ離れたところでの追求となっているところがある。本来は、自分の知らなかった表現方法、表現手段を学び、自分が表現しやすい手段を知ることである。

また感性を磨くには、周囲の環境に触れた時に、アンテナを張り巡らせていられるか、ということだと思っている。「この季節になると、秋の雲だなぁ。きれいな空の色」「風のにおいが変わった？」と感じてほしい。たまには、美術館に行ったり、映画で感動して涙したり、多くの体験をすることでその幅が広がると考える。今まで自分の知らなかった表現力を磨くためにも、知らなかったことを知ればよい。それが養成校での学習であると考えている。

第3節　幼児教育現場に広がる「総合表現」

本来は、これが総合表現である、と限定、区切れるものではないことはこれまでにも述べてきた。保育すべてが総合表現ともいえるので、以下に挙げたものはほんの一例に過ぎない。子どもとともに、遊びを展開していきたい。

1. ごっこ遊び

子どもたちは、たくさんのごっこ遊びをしている。お店屋さんやお母さんごっこ（ままごと）、消防士さんやお医者さんごっこ、それ以外にもたくさんのものが考えられる。最近見たものには、美容師さんごっこがあった。

きっとお母さんに連れられて行ったのであろう。「見立て」た積み木のシャンプー台に「では、先にシャンプーしますね。」とお客さんをお連れして、頭をもじゃもじゃと洗っている。「かゆいところはないですか？」と言うと、お客さん役の子どもも「大丈夫です」キッチンごっこのカウンターから持ってきた醤油の瓶か何かをシャンプーに見立てている。タオルで頭を乾かし、「お席へどうぞ」と別の椅子のある場所に案内し、ケープはスモッグ。「マッサージさせて頂いてよろしいですか？」とセリフまで完璧である。誰が教えたものでなく、子どもたち同士も同じ場所に行っているわけでもないが、会話も成立し

ている。

　ごっこ遊びの中には、見立てたものや製作した創作物などもよく出てくる。そしてこのお話の中で、子どもは誰か他者を演じている。子どもの中では、自分が見た人であったり、イメージしている美容師さんを演じ、お客さんは自分の母親か、観察した人なのか、ある人になりきって演じている。関西の子どもたちは、よくごっこ遊びをしていると標準語になると言われるが、これも自分の中にあるごっこ遊びやその人のイメージがそのようなものが多いことから来ているのであろう。子どもたちの展開を見ていると、保育者が入る隙はない。

2．ドラマ教育

　「表現活動」を行うひとつの手法としてドラマ教育は有効であると考える。ドラマ教育は、演劇などと混同されがちであり、実際幼児教育現場で行われているものがどちらなのかも、判断できていない場合も多い。ここでいう演劇とは、生活発表会等で行っている劇発表を指す。

　演劇教育とは、台本がありそれを演じ、誰かに見てもらう、見せることのために行うものである。しかし、ドラマ教育は違う。ドラマ教育は訳すと、「to do」つまり「すること」なのである。

　もともとは、演劇活動をしていたアメリカの移民が、子どもたちはその演ずる過程において、様々なことを学んでいる、そこに教育的意義があると見出したものである。イギリスではその手法を教育に取り入れ、「ドラマ・イン・エデュケーション（DIE）」と呼ばれ、子どもたちが見せることを目標としているのではなく、その過程が学習であるということである。

　演ずる楽しさや創造性など広がりのある世界のその過程よりも、保育者が「どう見せようか」と考えている時点で、それはドラマ教育ではない。保育者はつい自分のイメージ通りの枠にはめたがる（それがドラマ教育だと思いながら、行っている場合も多々ある）が、それは異なる。何度も練習をして「そこはこうだ」と保育者が指示するのは、ドラマ教育ではない。

　また、イギリスのドラマ教育の第一人者ブライアン・ウエィは、著書の中で「われわれの目的は人を育てるのが目的であって、ドラマ教育を育てることではない」と言い、

　「ドラマの大切なことを知っている教師は演劇を専攻していなくてはならな

いというのは間違いである。第一に必要なことは、子どもに対するほんとうに
充分なやさしさと理解と興味が必要である」
と述べている。そのプロセスをいかに見つけるか、そのためには保育者自身が
それらを見逃さない感性を磨いてほしい。
　次に挙げる劇あそびとも繋がるが、よく「ごっこ遊び」から発展させた形で
行っていることが多い。本来、幼児教育でいう演劇とは、自分たちで作ったド
ラマを今度は誰かにみてもらいたい、という劇あそびであり、そこにも演じて
いく、表現していく過程がある。

３．劇あそび

　２．の活動から劇あそびへと発展していく。前節にも述べたが、劇あそびを
行うにあたって、日常より多く、表現活動に出会っておくことで、子どもた
ちが自然と「演じたい」「誰かに見てもらいたい」見てもらうことでまた、もっ
と表現したい、と発展していく。これが表現力豊かな活動に繋がると思われる。
ブライアン・ウェイも述べているが、優秀な教師ほど、まずは台本作りから始
まると考える。そして「見せるための」演技指導をすることで、完成した（と
考えるもの）劇発表を行う。実際、このような形での発表を行っている園も少
なくない。また、保育者の方もこれが劇発表と思っている。ましてや、保護者
は立派な子どもたちの演技に感動する。もちろん、この中で成長、習得してい
く力も大いにある。しかし、劇あそびとは遊びの中からドラマへ、そして演劇、
幼児教育でいう劇あそびへと発展していくものである。しかし現場では、劇あ
そびを発表会にて行うと、子どもの晴れやかな舞台だから、と期待されること
も大きく、本来の「表現したいという気持ち」「そのプロセス」等は、この劇
発表とは別のところで展開されていることも考えられる。
　「演じたい気持ち」ということを中心に述べているが、ドラマにも劇あそび
にも「こんなものがいるね」「どうしたらこんな感じになるかな？」と創造性
を膨らませることによって、ものを作ったり音を入れたり子どもたちの無限の
可能性を感じる。
　私たちは音楽に合わせて鳴らすものが、「楽器」であると思うが、子どもた
ちは意外なもので音を鳴らしてお話に合わせていたり、「本当は犬やったけど、
かわいいカピバラにする？」と、「カピバラやったら、海やで」と、ストーリー

がどんどん変化するなど面白い発見がある。その時には、子どもたちと一緒に保育者がワクワクしてほしい。

　保育者養成校でも、「総合表現」などの科目が設定されているが、本来は保育の中でどんどんお話が膨らみ、即興による展開力が必要となる。子どもたちの方が柔軟な対応力があると思われるが、学生達も創り上げるという力も育っているとみられる。

　ここまでは劇あそびに若干、傾いているところはあるが、以下のようなことも考えられる。

4．絵本と音楽

　絵本の読み聞かせは、様々な読み聞かせ方法もあり、多種多様な考え方があると思われる。言葉の獲得など、領域「言葉」として表されることが多い。しかし、絵や色合い、保育者の読み聞かせなど、総合的な要素が入っている。

　絵本ではもちろん、音楽がなくとも十分、その絵本の世界を感じることはできる。そのため、必ず音楽を入れなければならないというわけではなく、ここで紹介するのは、その絵本のお話に合った音楽を挿入することで、更に絵本のお話が広がることを楽しめるのではないか、と提案するものである。

　絵本に音楽をつけましょう、と提案すると、オノマトペ（擬音語、擬態語を含む）に合った音を探す、というようなことをしているケースが良くみられるが、それだけではない。場面をイメージしたBGMであったり、無音のところに「こんな音があったらおもしろい」「この色のイメージはこんな音や音楽」など、それは一人ひとりの個性が発揮されるものではないだろうか。ここでもドラマ手法であるように、「絵本に音楽をつけなさい」というと、最初はどうしてよいかわからないが、だんだんと「こうしたらいいかな」「あんまりこの音は合わないな」「こんな道具作りたい」「作ったけど、すぐ潰れてしまった」と、その作る過程で、個人や集団がどんどん高まっていく。このプロセスがやはり大切で、仕上がりが結果ではない。

　例えばここから、この絵本を紙芝居にしたいと大きく絵を描いてみたり、場面をイメージした音楽だけでなく背景を描いたり、素材を工夫し、小道具を作り、など無限に広がる劇あそびにつなげることもできる。作る過程も、どこを切り口にして始めてもよいのではないだろうか。　　　　　（寄ゆかり）

課題1 自分の周りにある「表現」に気づいて挙げてみましょう。

課題2 劇あそびの題材を選び、展開してみましょう。

参考図書

大場牧夫著『表現原論』萌文書林 1996

ブライアン・ウェイ著　岡田陽・高橋美智訳『ドラマによる表現教育』玉川大学出版部 2003

第10章　特別な支援を必要とする
子どもの理解

　現在、障がいの有無に関わらず、人々がお互いに尊重し合い、共に手を携え
ながら生きる共生社会の実現に向かって、様々な取り組みが為されている。こ
の一連の流れの中で、インクルーシブ教育システム構築に向けた特別支援教育
が推進されているところである。本章では、特別支援教育における理念と基本
的な考えについて解説し、特別な支援を必要とする子どもの支援について説明
する。

1．特殊教育から特別支援教育への移行と、その理念や仕組みについて解説
　　する。

2．幼稚園における特別支援教育について解説する。

第1節　特別支援教育の現状

1．特殊教育から特別支援教育へ

　1947年に制定された学校教育法では、障がい児に対する教育を「特殊教育」
とし、盲・聾・養護学校や特殊学級に在籍する児童生徒を対象とした教育制度
として、戦後長きにわたり展開されてきた。「特殊教育」では、障がいの種類
や程度に応じて盲・聾・養護学校や特殊学級といった特別な場で、手厚くきめ
細かい教育を行うことに重点が置かれてきた。しかし1990年代以降、「特殊教
育」から「特別支援教育」への移行にあたり様々な検討がなされた。

　2001年1月には、21世紀の特殊教育の在り方に関する調査研究協力者会議よ
り「21世紀の特殊教育の在り方について～一人一人のニーズに応じた特別な支

援の在り方について〜（最終報告）」が公表された。さらに、2003年3月には、特別支援教育の在り方に関する研究協力者会議より「今後の特別支援教育の在り方について（最終報告）」が出された。2004年には、最終報告の内容実現に向けた学校制度等の在り方を検討するため、中央教育審議会初等中等教育分科会に特別支援教育特別委員会が設置され、2005年12月に「特別支援教育を推進するための制度の在り方について（答申）」が公表された。この答申を受け、特別支援学校制度の創設や小・中学校等における特別支援教育の推進を骨子とする学校教育法等の一部が改正され、2007年4月から施行された。これにより、法令上から「特殊教育」の文言がなくなり「特別支援教育」に変わったのである。

2．特別支援教育とは

　特別支援教育の基本的な考え方は、一人一人の教育的ニーズに応じて適切な教育的支援を行うことである。教育基本法第4条第2項には「国及び地方公共団体は、障害のある者が、その障害の状態に応じ、十分な教育を受けられるよう、教育上必要な支援を講じなければならない」と規定しており、国及び地方公共団体は、幼児児童生徒等（以降、児童生徒等）一人一人の教育的ニーズを把握し、適切な指導及び支援を行う必要がある。

　2007年4月に文部科学省から「特別支援教育の推進について（通知）」が出され、特別支援教育では、障がいのある児童生徒等の自立や社会参加に向けた主体的な取り組みを支援するという視点に立ち、障がいのある児童生徒等一人一人の教育的ニーズに応じた適切な指導と必要な支援が求められるようになった。特別支援教育は、障がいの有無や個々の違いを認識し、様々な人々が生き生きと活躍できる共生社会の形成の基礎なのである。

3．特別支援教育の対象となる児童生徒等

　特別支援教育では、これまでの特殊教育（盲・聾・養護学校、特殊学級、通級による指導）に加え、発達障がいの児童生徒等もその対象となる。つまり、通常の学級に在籍する発達障がいのある子どもも、その教育の対象となる。なお、学校教育法では特別支援教育において、「障害による学習上又は生活上の困難を克服」としているが、障がいという診断がなくては特別支援教育を行うことができない、というものではない。校内委員会等により「障がいにより困難がある」

「特別支援教育の理念」

　特別支援教育は、障害のある幼児児童生徒の自立や社会参加に向けた主体的な取組を支援するという視点に立ち、幼児児童生徒一人一人の教育的ニーズを把握し、その持てる力を高め、生活や学習上の困難を改善又は克服するため、適切な指導及び必要な支援を行うものである。また、特別支援教育は、これまでの特殊教育の対象の障害だけでなく、知的な遅れのない発達障害も含めて、特別な支援を必要とする幼児児童生徒が在籍する全ての学校において実施されるものである。〜中略〜障害の有無やその他の個々の違いを認識しつつ様々な人々が生き生きと活躍できる共生社会の形成の基礎となるものであり、我が国の現在及び将来の社会にとって重要な意味を持っている。

2007年「特別支援教育の推進について（通知）」より抜粋

と判断された児童生徒等においては、個々のニーズに応じた適切な指導や支援を行う必要がある。図10-1のように、文部科学省の推計では、義務教育段階で約4.2％の子どもが特別支援教育の対象とされている。義務教育段階の全児童生徒数が減少傾向にある中（図10-2）、特別支援教育の対象となる児童は増加傾向にある（図10-3）。特別な支援を必要とする児童生徒等における個々の教育的ニーズを把握し、そのニーズに応じた適切な支援を行っていくことは喫緊の課題となっている。

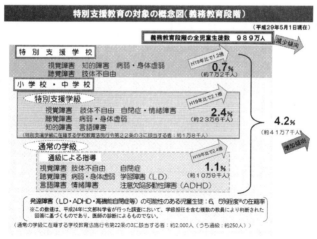

図10-1　特別支援教育の概念図

http://www.mext.go.jp/component/a_menu/other/detail/__icsFiles/
afieldfile/2018/06/22/1405876_3.pdf　（文部科学省 HP）

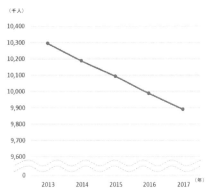

図10-2　義務教育段階の全児童生徒数

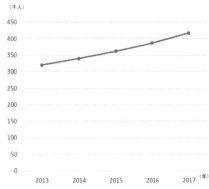

図10-3　特別支援教育の対象の概念図による児童生徒数

（文部科学省統計要覧、特別支援教育資料 H29 より筆者作成）

4．特別支援教育に関する制度と仕組み

(1)幼児期から学校卒業までの一貫した支援

　特別支援教育では、児童生徒等の自立と社会参加を目指し、幼児期から学校卒業までの途切れのない支援を実現させることを制度化している。その実現のため、各学校の設置者は、各学校の実情を踏まえた特別支援教育に関する政策の基本となる計画の策定に努めなければならない。

　各学校においては、校内に特別支援教育を推進する役割を担う特別支援教育コーディネーターを置く。特別支援教育コーディネーターは校内委員会を通して、児童生徒等の実態把握やその対応、支援方法の検討等を行う。個別の教育支援計画を作成する際には、教育のみならず、医療、保健、福祉、労働等の関係機関と連絡や調整を行い、保護者とも連携しながら作成し、その見直しは定期的に行うようにする。成長に伴って移行する保育・教育、就労の場には、個別の教育支援計画を引き継ぎ、図10-4のように一貫した支援ができるようになっている。移行する先の特徴を踏まえながら、途切れのない適切な支援となるように引き継いでいく必要がある。

(2)校内支援体制の整備

　各学校の校長はリーダーシップを発揮しながら、特別支援教育の校内支援体制の整備を行い、組織としてそれが十分に機能するように図る必要がある（図

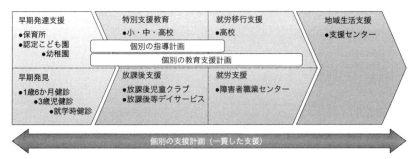

図10-4　障がいのある子どもの一貫した支援
文部科学省中央教育審議会（2005）特別支援教育を推進するための
制度の在り方について（答申）より　筆者作成

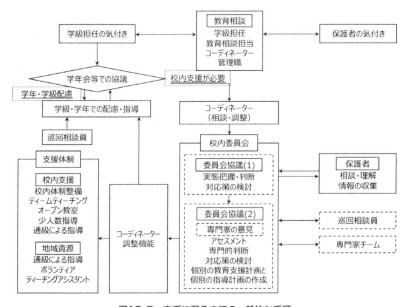

図10-5　支援に至るまでの一般的な手順
文部科学省（2004）小・中学校における LD（学習障害），ADHD（注意欠陥／多動性障害），
高機能自閉症の児童生徒への教育支援体制の整備のためのガイドライン（試案）

10-5）。校内の特別支援教育の要となる特別支援教育コーディネーターは校長
により指名される。特別支援教育コーディネーターは、特別支援教育の推進の
ため、主に校内委員会や校内研修の企画・運営、関係機関と学校との連絡・調

整、保護者の相談窓口等の役割を担う。校内委員会は、教育上特別の支援を必要とする児童生徒等の実態把握や支援内容の検討等を行う。校内委員会の判断により、教育上特別の支援を必要とする児童生徒等の実態把握や支援内容の決定に当たっては、個別に、学級担任、関わりのある人たちでつくる少人数集団のチームによる会議（ケース会議）が必要となる場合がある（図10-6）。

図10-6　ケース会議イメージ図

5．特別支援教育における学びの場
⑴特別支援学校における教育

　特殊教育においては、障がい種に対応して学校が置かれていた。特別支援教育へと移行した後は、障がい種にとらわれない「特別支援学校」となった。特別支援学校が可能な限り複数の障がいに対応することが出来るようになれば、障がいのある児童生徒等は地域の身近な場で教育を受けることができる。現在、複数の障がい種に対応した特別支援学校が増加している。

　特別支援学校の目的は学校教育法第72条に「視覚障害者、聴覚障害者、知的障害者、肢体不自由者又は病弱者に対して、幼稚園、小学校、中学校又は高等学校に準ずる教育を施すとともに、障害による学習上又は生活上の困難を克服し自立を図るために必要な知識技能を授けることを目的とする」と規定されている。特別支援学校は、幼稚園、小学校、中学校、高等学校に準ずる教育を行うとともに、障がいによる学習上または生活上の困難の改善・克服を目的として自立を図るための教育「自立活動」を編成することができる。「自立活動」は個々の子どもの実態に応じて、その障がいによって生じるつまずきや困難を軽減及び解消するために行われ、子どもの全人的な発達を促進することを意図している。

⑵小学校・中学校等における特別支援教育

①特別支援学級

　学校教育法第81条は、幼稚園、小学校、中学校、義務教育学校、高等学校及び中等教育学校において「教育上特別の支援を必要とする幼児、児童及び生徒に対し、文部科学大臣の定めるところにより、障害による学習上又は生活上の困難を克服するための教育を行うものとする」とし、「1知的障害者、2肢体不自由者、3身体虚弱者、4弱視者、5難聴者、6その他障害のある者で特別支援学級において教育を行うことが適当なもの」である児童生徒等のために、特別支援学級を設置することができると規定している。

②通級による指導

　2006年3月に学校教育法施行規則の一部改正が行われ、これまでの情緒障害を自閉症と情緒障害に区分するとともに、新たに学習障害（LD）と注意欠陥／多動性障害（ADHD）が対象とされ、弾力的な運用が可能となった。2016年12月に学校教育法施行規則第140条及び141条が改正され、2018年4月に施行されたことにより、高等学校でも通級による指導が開始された。

　通級による指導とは、小学校、中学校、高等学校の通常の学級に在籍している障がいのある児童生徒等に対して、主として各教科の指導を通常の学級で行いながら、障がいの状態の改善又は克服を目的として、障がいに応じた特別の指導を特別な場で行う指導形態である。

　指導時間は自立活動及び教科指導の補充を併せて、年間35単位時間（週1単位時間）から年間280単位時間（週8単位時間）までが標準とされている。

③通常の学級

　2017年3月「発達障害を含む障害のある幼児児童生徒に対する教育支援体制整備ガイドライン」では、「通常の学級の担任・教科担任は、自身の学級に教育上特別の支援を必要とする児童等がいることを常に想定し、学校組織を活用し、児童等のつまずきの早期発見に努めるとともに行動の背景を正しく理解する」としている。学級担任は、児童生徒等の困っている状況や指導上の困難から、あるいは保護者の相談から、教育上特別の支援を必要としている児童生徒等に早期に気づいてその困難の背景を理解するとともに、その障がいの状態等に即した適切な指導や支援を行わなければならない。

第2節　幼稚園における特別支援教育

1．幼稚園における特別支援教育の現状

　2007年に学校教育法が改正され、幼稚園の特別支援教育は、第8章「特別支援教育」(第72条～第82条)に規定されている。幼稚園に入所する子どもの中で、支援が必要とされるケースは比較的軽度な場合が多い。入園時には困り感が明らかではないが、園で過ごしていくうちに教育的ニーズがあることが分かり、個に応じた指導や支援を行わなければならない場合もある。近年、特別支援教育コーディネーターを中心とした園内の支援体制の構築に向けて、「個別の教育支援計画」や「個別の指導計画」の作成、それらを活用した指導及び支援が徐々に進んできている。幼児期は、発達の個人差が特に著しい時期であることから、専門機関との連携等による実態把握や、幼稚園が集団の教育力を生かす場であることを踏まえ、集団の生活の中で適切な指導内容や指導方法を工夫することが求められている。

　　「個別の教育支援計画」と「個別の指導計画」

　　「個別の教育支援計画」教育、医療、福祉、労働等の関係機関が連携・協力を図り、障害のある子供の生涯にわたる継続的な支援体制を整え、子供の望ましい成長を促すための個別の支援計画のうち、幼児児童生徒に対して教育機関が中心となって作成するもの。

　　「個別の指導計画」個々の幼児の実態に応じて適切な指導を行うために学校で作成される。障害のある幼児など一人一人の指導目標、指導内容、指導方法を明確にし、きめ細やかに指導するために作成するもの。

（幼稚園教育要領解説より）

2．幼稚園における特別支援教育の充実の方向性

　特別支援教育を推進するためには、園内の支援体制を整備する必要がある。園内委員会を設置して特別支援教育コーディネーターを指名し、園務の分掌に位置付けるなど、園全体の特別支援教育体制を充実させる必要がある。また、幼児の実態把握や適切な指導及び必要な支援の方法についての実践研究、障がいの特性や困難さの背景等を理解するための教職員研修を行うなども考えられる。障がいの種別の配慮に加え、活動した時に予測される困難さとそれに対す

る指導上の工夫をすることも大切である。

　保護者との協力も重要である。家庭で過ごしている幼児の様子からだけでは幼稚園での困難さについて理解しにくいことがある。集団生活の中での困難さについて保護者に情報提供し、課題を共有する中で、保護者が子どもの困難さに気づき、受け止められるように支援していくことも必要となる。その際、保護者の思いを受け止め、願いを聞いたり将来の不安を取り除いたりするなど、子育て支援の機能を充実していくことも必要である。

　地域における自治体や関係機関とも繋がっておく必要がある。例えば、乳幼児健診等の情報を保健部局等と幼稚園等で必要に応じて共有することや、幼児の障がいの状態や特性、支援方法等について地域の専門機関と協議する機会の確保等が求められる。

３．特別支援教育の実際

　幼稚園教育要領解説によると、「障害のある幼児などには、視覚障害、聴覚障害、知的障害、肢体不自由、病弱・身体虚弱、言語障害、情緒障害、自閉症、ＡＤＨＤ（注意欠陥多動性障害）などのほか、行動面などにおいて困難のある幼児で発達障害の可能性のある者も含まれている」としている。また障がいの種別や程度を的確に把握した上で、個に応じた様々な「手立て」を検討して指導に当たることとしており、幼児の障がいの種別や程度に応じた配慮についての具体的な例を紹介している。障がいの種別や程度によって一律に指導内容や指導方法を決めるのではなく、一人一人の障がいの状態や発達段階等に応じた指導の内容や工夫を検討し、適切な指導を行うことも必要である。指導に当たっては、全教職員が一人一人の幼児に対する配慮等の必要性を共通理解し、連携に努めることが求められる。その際、ありのままの姿を受け止め、幼児が安心して周囲の環境と十分に関わり、発達していくようにすることが大切である。

４．小学校との連携

　小学校へ入学するに際し、幼児がスムーズに小学校に馴染むよう、小学校で行われる運動会やお祭りなどの行事に園児が参加するなど、双方が触れ合いながら学校文化を共に体験する中で、幼児は学校への理解を深めていく。幼児が学校体験をしている場に特別支援教育コーディネーターも参加し、幼児の様子

を観察することもある。また、入学式前には年長学級の担任や主任が就学する各学校を巡回し、就学する幼児の様子を伝えるなどの情報提供が行われることもある。

　幼稚園等と小学校とのつながりをスムーズにするために、自治体ごとに呼び方は異なるが、「就学支援シート」や「就学支援ファイル」、「引継ぎシート」などと呼ばれる個別の記録票がある。基本的には保護者がファイルを管理しているが、小学校の就学に際してはそのファイルを活用して、入学直後からの切れ目のない適切な支援を受けることができるようにしておきたい。

　教育上特別の支援を必要とする幼児の就学に向けて、幼児や親が安心して就学を迎え、就学後は新しい環境に適応することができるように、幼稚園等と小学校、保護者と本人がお互いに情報を共有し合いながら就学のための相談を重ね、一つのチームとして連携・協力していくことが重要である。

サポートブック『はーと』成長していく上で細やかな配慮などが必要な子どもたちが、乳幼児期から成人期までのライフステージで途切れることなく一貫した支援を受けられることを目的に、保護者と関係機関が子どもの情報を共有すると共に、思い出をつづり将来にわたって子どもや周囲の人へのメッセージを伝えるために作成するファイルです。入学・入園時などにサポートブックを学校や関係機関に見せることで、子どもの情報を分かりやすく整理して伝えることができ連続性のある適切な支援につながることが期待されます。
河内長野市HP
www.city.kawachinagano.lg.jp/soshiki/13/1622.html

（宮本直美）

課題1　特別支援教育の制度と仕組みについて説明してください。
課題2　幼児一人一人の教育的ニーズに応じた具体的な支援について、説明してください。

参考図書
尾野明美他編著『特別支援　教育・保育概論』萌文書林 2019
友田明美著『新版いやされない傷−児童虐待と傷ついていく脳』診断と治療社 2012

第11章　乳幼児保育の施設における実習

　本章では、乳幼児保育の施設における実習に焦点をあて、実習の意義や目的、実習の形態、実習指導の内容、養成校における学習内容と実習の学びについて述べたい。「漫然と実習をこなす」のではなく、講義や演習で学ぶ「知識」「技能」を実際の現場に立って活用出来るように、「養成校における講義や演習」を意識しながら実習での学びにつなげてもらいたい。なお、本書は2018年度改定の教職免許法を基底として教育実習との関連についても述べる。

1. 乳幼児保育の施設における実習の目的と内容、意義について解説、考察する。
2. 保育者養成校における実習指導の内容について解説する。
3. 「理論と実践の調和」の視点に立ち、実習の学びについて解説する。

第1節　乳幼児保育施設における実習

　幼保一元化の流れの中、現場で働く「先生」には、幼稚園教諭免許状と保育士資格の2種類の取得が求められるようになってきた。この資格を取得するためには、以下の実習条件を満たす必要がある。

　幼稚園教諭の免許を取得するためには、20日間（約4週間）の実習が必要となる。教育職員免許法施行規則第6条では、幼稚園教諭免許を取得するために、事前・事後指導を含めた5単位が必要とされており、事前・事後指導に1単位、幼稚園実習に4単位を設定している学校が多い。養成校によって実習時間の換算方法や実習内容が異なるので、「なぜ、この実習時間なのか」、「なぜ、この実習内容なのか」といった「各養成校のねらい」を押さえた上で実習に臨む必要がある。

保育士資格を取得するためには、表11-1に示したように10日間の実習を3回行く必要がある。保育士のための実習は

1）保育所・認定こども園における保育実習Ⅰ（10日間）

2）福祉施設における保育実習Ⅰ（10日間）

3）保育実習Ⅱ（保育所・認定こども園）か保育実習Ⅲ（福祉施設）のどちらかの実習を終える。

表11-1　保育士資格取得に必要な実習

実習種別	単位数	実習日数	実習施設
(A) 保育実習Ⅰ（必修）	4単位	保育所10日間	保育所、認定こども園
		福祉施設10日間	乳児院 児童養護施設 障害児入所施設 児童発達支援センター 障害者支援施設 指定障害者福祉サービス事業所など
(B) 保育実習Ⅱ（選択必修）	2単位	保育所10日間	保育所、認定こども園
(C) 保育実習Ⅲ（選択必修）	2単位	福祉施設10日間	児童館など

指定保育士養成施設の指定及び運営の基準について（厚生労働省）p8より　筆者一部加筆

本節では、乳幼児教育施設における実習の流れを事前指導、実習内容、事後指導に分けて述べたい。

1．事前指導

事前指導については、学生が実習に行くまでの様々な準備を進めていくことになる。事務的な手続きや、実習に行く心構え、学ぶための基本的知識などである。実習に行くまでの段階において、学生がクリアしておいて欲しい課題は以下の5点にまとめられる。

a) 実習の目的と内容を理解しておくこと

b) 保育者を目指す学生として自らの実習課題を明確にすること

c) 実習施設に関する理解を深めておくこと

d) 実習に必要な保育技能を修得しておくこと

e) 実習生としての態度・姿勢を再確認しておくこと

「幼稚園の職場体験に行ったことがある」という学生は多いが、施設の現場

で「先生」と呼ばれ、責任のある立場で子どもと関わる経験をした学生はほとんどいない。そのために事前指導では、実習生としてどのような態度で臨む必要があるのか、今後専門職になる上で自分の課題は何なのか、実際の幼稚園の現場を深く学ぶための基本的な知識や技能を身に付ける機会となっている。表11-2に示したのが実習指導全体の内容である。

表11-2　幼稚園実習の実習指導

```
 1．オリエンテーション―教育実習の意義と目的―
 2．実習に必要な事務手続きと留意事項の確認
 3．幼稚園の概要と子どもの一日の生活の理解
 4．幼稚園における保育者の仕事
 5．指導計画の立案と模擬授業の実施
 6．実習記録による省察の意義と記述法の指導
 7．実習前の自己課題の明確化
 8．実習園でのオリエンテーションと教員による巡回指導
 9．実習体験後の自己評価と分析
10．保育者の倫理と守秘義務
11．実習報告会―実習体験の共有と課題整理―
12．実習の総括
```

２．幼稚園での実習

　幼稚園実習には、「観察実習」「参加実習」「責任実習」の形態があり、それぞれの養成校によって実習のねらいや位置づけは異なっている。

　第１点の観察実習は、幼稚園の設備、職員組織、環境構成及びクラス構成など、幼児教育の現場がどのようなものかを総合的に把握することである。実際に子どもと関わりながら、幼稚園の１日の流れ、幼児の活動、幼稚園教諭が行う指導・援助など、体験を通して幼稚園の実状を学ぶことがねらいになっている。観察だからと言って、園児や担任の動きをただ見ていたり、メモをとっていたりすることはあまり良くない。また、園児と夢中になって遊んでしまい、周りが見えなくなってしまうことにも注意が必要だろう。クラス担任の保育補助をしながら、実習生としての適度な距離感（関係性）が求められる。観察する視点は、園の規模、教育方針、特色、人的環境、園内の配置、一日の生活リズム、園庭、保育室、登園・出席の確認、所持品の始末、遊び、片づけ、一斉活動、昼食、登降園、保護者との連携などがあげられる。

　第2点の参加実習は、幼稚園の実状をつかみ、指導担当教諭の指導・指示に従って紙芝居や絵本を読むなど、意図的に幼児と関わり、指導・援助を行うことが求められる。クラス担任の日常業務に参加しながら、体験的な学習をおこない、学生自身が指導・援助技能を習得する。子ども達との信頼関係を構築するとともに、園児の生活の実態や課題について気付けるようになると良い学びに繋がるだろう。保育室での活動や園庭の使い方、遊具などの安全管理をチェックしておくことで、責任実習の指導案作成の際に役立てられる。参加実習の際には、「ねらいと保育の関連を知る」「幼児を理解する」「保育前後の準備や仕事を体験する」「保育に参加する」ことに着目してもらいたい。

　第3点の責任実習は、指導担当教諭の指導・指示にもとづき、保育指導計画案を作成、実施する。ここでは、指導計画の作成、実施、評価までの一連の保育の流れを経験することが出来る。1日の中である部分を30分〜1時間担当し、基礎的実践力を身につける「部分実習」と、1日を担当し、教師としての実践力を身につける「全日実習」がある。部分実習を何回か重ねた後、全日実習を経験することが望ましい。責任実習の段階では、学生自身が持っている保育の知識や技能を総動員することが求められる。学生自身の心構えはもちろんのこと、子どものとらえ方と保育のねらい、計画力と実践・応用力など、学生の総合的な力が試される最終段階である。自身の課題とともに、幼児教育を意図的・計画的に実践することで専門職として実り多い機会となる。

3．事後指導

　実習に行ったらそれで終わりではない。事前に設定していた課題が達成出来たのか出来なかったのか、実習で何を学んだのかについて、改めて振り返ることが重要である。実習の振り返りについては、グループになって同級生の体験を聞いたり、意見を交わしたりすることがある。「自分も同じ体験をした」「Aさんは同じ失敗をこう乗り越えたのか」など、他者と交流を持つことで、自分の体験が客観化され、より理解が深まるであろう。

　また、実習は学生自身の貴重な体験である。自分しか体験していないことを自分の言葉でしっかりと表現し、発信することは主体的な学びの一つになる。限られた実習時間だけで全てを学びとることは難しいかもしれないが、間違いなく、学生自身が体験してつかみ取った「何か」があるはずである。他にも実

習の振り返りについては、「実習報告会」と称して他の学生の前で、実習内容や実習で学んだこと、今後の課題について発表する機会があったり、実習園から送られてきた評価票をもとに自己評価する機会があったりする。

　実習を経験することによって、学生は変化し、大きく成長していると感じることが多い。指導者の多くは、実習における学習の効果について、①子どもと関わることでしか学べないこと、②現場の保育者との出会いによる意欲の変化が見られること、③つらかった経験が学びに結びつくこと、④子どもを尊重する気持ちを体験的に学ぶこと、⑤子どもを心からいとおしいと思う気持ちの芽生えができると言及している。学生たちは、学校では教えられないこと、学べないことをたくさん習得して学校に戻ってくる。

第2節　実習の意義

　これまで実習の時間や内容について述べてきたが、本節ではそもそも「なぜ、実習をするのか」について考えてみたい。

　第1点は、「資格取得に必要だから…」というのが理由であろう。どの保育者養成校においても資格を取るためには必ず実習に行かないといけない。学生にとっては、実際の現場の職員、園長先生、子どもや保護者等と接する機会があるため、実習は緊張の連続であり、「厳しい」と思うことも当然出てくる。しかしながら、たとえ辛い実習であっても、「これを乗り越えなければ資格が取れない」ということで奮起する学生は多いだろう。そのため、取得する意欲の低い学生の場合は、実習でつまずく場合が多い。

　第2点は、大学の学びを保育・幼児教育現場を通して体験的に理解することである。前節に示した「実習の効果」に関連するが、保育者養成校において「実習」は学ぶことが出来る貴重な機会である。学校で培われた専門的な知識・技能を備え、「先生」と呼ばれる責任ある立場で働くことによって、中高生で経験した職場体験とは違う学びを得ることが出来る。「そもそも保育・幼児教育とは何か」「担任は何をねらいとして子どもに働きかけているのか」など、実際の現場を体験的に理解することによって、図11-1に示すように「理論と実践」がはじめて繋がる。大学で学ぶ知識（社会情勢、歴史、制度、発達段階など）

を持っておくことで、「子どもの置かれている状況」「幼稚園とは何か」「子どもの発達状況」など、見たもの・聞いたもの全てを体系的に捉えることが出来る。知識（視点）を持つことで現場や子どもの姿を正確に捉えることが可能となる。また、音楽・図工・体育などで培われた様々な技能を実際の子どもに対して試す機会となり、自らの保育を展開することが出来る。学生を前にして行う模擬保育では得られないものがたくさんあるだろう。

　そして、実習後には、学生自身がつかみ取ってきたものを通して、学校の学びについて改めて考えることも意義あることである。体験的な実習を通して、「これからの幼児教育施設はこうあるべきではないか」「自分が見た子ども達は自己肯定感の塊だった」など、学校で教えられる知識について問題意識をもって考察出来るようになってもらいたい。また、技能を自分なりに工夫出来るようにしてもらいたい。

実習施設に関すること	音楽表現に関すること
幼稚園の歴史、教育制度・新制度など 教育思想・理念 施設の組織体系 園独自の取り組み 保育者としての働き方など	保育者のねらい 季節のうた 年齢に応じた音楽 リズム感 歌などの表現活動など
絵本に関すること	戸外活動に関すること
保育者のねらい 年齢に応じた絵本 行事を意識した絵本 言葉の発達 食べ物、生き物に関心を持つなど	年齢に応じた運動遊び 季節に応じた衣服 リスクとハザード 集団遊び・人間関係 体を使って遊ぶ楽しさなど

図11-1　実習現場で必要な保育者としての視点の例

　第3点は新しい自分に気付くことである。保育者としての能力を求められる実習ではあるが、社会人としての振る舞いを強く求められる。「まだ学生という立場…」ではあるが、あいさつ、報告、連絡、相談、教職員とのコミュニケーションなど、学生にとって苦手な社会性が要求される。そのことで精神的・肉体的に負荷がかかり、「実習つらいな」と思う学生は少なくない。「大人」から学生自身が常に試される体験をすることになるのである。そのためか、実習の

経験が学生自身の将来像を深く考える機会となり、学校で学ぶ姿勢に変化が出たりする学生は多い。実習は専門職や社会人のスタートラインとして重要な位置を占めていることがわかる。中には、実習がきっかけとなって就職につながる学生もおり、人生のターニングポイントになる学生もいる。多くの大学では、カリキュラムの中心に「実習」を位置づけ、実習でより深く学ぶための学習体系をとっている。自分が働きたい、働くかもしれない場に身を置くことで、内発的な動機が芽生えるきっかけとなっている。

第3節　教育養成の課題と免許法改正による新たな動き

　2018年度改定の教育職員免許法及び同施行規則は、教育実習と教職実践演習を「教育実践に関する科目」として位置付けた。また、各大学の判断で「教育実習」の一部として「学校体験活動」（学校インターンシップ）を含めることが出来るようになった。

　文部科学省は、『教育職員免許法等の改正と新しい教職課程への期待』(2018)において、教員養成の課題について次のように示している。

　①必要単位数が法律に規定されており、新たな教育課題が生じても速やかな単位数の変更が困難

　②学校現場の状況の変化や教育を巡る環境の変化に対応した教職課程になっていない

　③大学教員の研究的関心に偏った授業が展開される傾向があり、教員として必要な学修が行われていない

　これらの課題を受け、文部科学省は、図11-2に示すように学校インターンシップの目的について「学校の様子や教員の仕事についての理解を深めること」「学生に授業や学校行事、部活動に関する支援や補助業務を行わせること」を言及している。また、そのメリットとして、理論と実践の住還により、「教員として必要な実践力の基礎を身に付けさせること」「自らの教員としての適格性を把握させること」「学校支援人材として活用できること」をあげている。より実践的な学びを得るためには、保育・幼児教育の現場にまず立つことが大切である。部活動や事務作業など授業以外の活動に触れることで、早い時期から仕

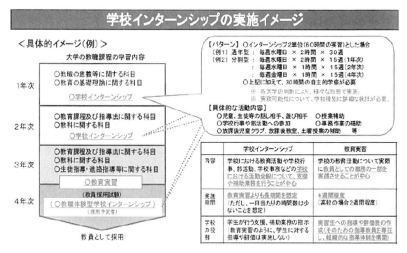

図11-2　学校インターンシップの実施イメージ
平成27年12月21日中教審答申『これからの学校教育を担う教員の
資質能力の向上について』P34より

事の実態を把握し、自分の適性を判断できるとともに、教員の質向上につなげることがねらいとなっている。今後、養成校としてどのようなカリキュラム内容にして単位認定するかなど、様々な課題が残されているが、いずれにしても学生が実際の現場で学ぶことの意義は大きい。

第4節　学びある実習にするために

　実習でより深く学ぶためには、多くの気付きを得ることが大切である。そのためには、学校で勉強した知識を用いて現場を考察することである。何の知識も持たないで現場に立っても何の気付きも得られないだろう。学生が苦労する実習記録は、言語化することが求められる。自分の思いだけを綴る日記（主観的記述）ではなく、客観的記述の質が求められ、「知識（言語）と気付き」が重要となる。また、ピアノや製作などの技能も同様である。日々の練習が不十分であれば子どもを前にして試すことも出来ず、保育・幼児教育を展開する以前の問題となってしまう。

　一方では、あまり難しく考えないで単純に喜怒哀楽を感じとれる「感性」も重要なことは付け加えておきたい。これまで「知識の大切さ」について繰り返し言及してきたが、専門知識を持っているからと言って子どもや家庭を全て理解し、良い保育が出来るとは限らない。時には持っている専門知識が子どもの姿を狭く捉えてしまうことにも注意が必要である。保育や幼児教育の現場では、何も考えないで思いっきり子ども達と遊んで楽しむことが出来る能力も大切なのである。知識では得られない「喜怒哀楽」を感じ取れる、創造できる感性も保育・幼児教育分野の専門職には求められる。

　2017年に改訂された「幼稚園教育要領」「保育所保育指針」「幼保連携型認定こども園教育・保育要領」では、「子どもの10の姿」が取り入れられ、カリキュラムマネジメントが求められるようになった。子どもを理解する上で「評価」の視点が入り、「評価のための子ども理解」「評価ありきの子どもの理解」になることには注意しなければならない。子どもから発信される言動から、ユニークな保育を展開していくことも大切である。

（本田和隆）

課題1　学校の授業を踏まえ、乳幼児保育の実習の目的について述べてください。
課題2　実習では、どのような知識・技能が求められるのか述べてください。

参考図書
林邦夫・谷田貝公昭監修　大沢裕・高橋弥生編『幼稚園教育実習』一藝社 2012
原清治・春日井敏之・篠原正典監修『教育実習・学校体験活動（新しい教職教育講座教職教育編）』ミネルヴァ書房 2018
福田真奈・五十嵐淳子編『保育・教育・施設実習―子どもを理解し実践できる保育者をめざして』大学図書出版 2018
森元眞紀子・小野順子編『幼稚園教育実習』ふくろう出版 2019
㈳全国保育士養成協議会『保育実習指導のミニマムスタンダード―「協働」する保育士養成』中央法規 2018

第12章　保護者と保育者の連携

　より良い保育を実践する上で、保護者と保育者の連携を否定する保育関係者はいない。そのために、十分な意思疎通を図ることは不可欠である。半面、保護者と対応することを負担と感じている保育者も少なくない。本章では、保護者と保育者が連携を深めるために、保育者が理解しなければならないことを中心に検討する。

1. 保護者が保育に関わる意味・必要性について、法や制度から、そして保育の質を向上する観点から説明する。
2. 保育現場において、保育者が保護者と連携を深めるために、理解すべき内容を検討する。

第1節　保護者対応の現状

　近年、保育者や幼児教育・保育施設に、かつてなら考えられないクレームが保護者から突き付けられている。このようなクレームは特定の家庭と保育者、保育施設の関係を困難にするだけに止まらず、保育者の職に対するやる気を奪い、保育現場を混乱させる場合さえある。保育者不足が社会的な課題となっているが、その解消のため、賃金を含めた労働条件の改善が進められている。しかし、早期離職や資格取得しても保育職に就かない状況が大幅に改善されたわけではない。そして、その要因の一つに保護者対応の困難さ、保護者対応に対する不安がある。

　東京都は人材確保の取組のために、「現場で働く保育士や、保育士資格を有しているが現在保育士として働いていない潜在保育士の声を聞き、より実効性の高い取組につなげていくことが必要である」と考え、2018年にアンケートを

実施し、2019年５月報告書を作成した。アンケート結果では、おおよそ半数の現職保育士が保護者対応を負担と感じていた。また、退職を考える理由を複数回答で尋ねると、約25％の現職保育士が「保護者対応の大変さ」がその理由としてあると応えている。その割合は、正職員に限ると約３割である。この結果から保護者対応は負担になっており、退職を検討する理由として珍しくないことが分かる。

　保護者対応は退職の理由になっているだけでなく、保育職を選択するかの判断材料にもなっている。奈良県は2013年９月、子ども・子育て支援新制度への移行に向けた保育需要の増大に対応するための基礎資料作成を目的にアンケートを実施した。保育士として働くことを希望しない保育士養成施設の学生にその理由を聞くと約２割の学生が「保護者との関係が難しい」ことをあげている。

　保育者となることを夢見て、養成施設へ入学した多くの学生は子どもが好き、職場体験が楽しかった、保育所・幼稚園時代の先生にあこがれてなど、子どもとの関係を中心に入学理由を述べている。その時点で保護者対応が求められることはほとんど視野に入っていない。しかし、保育者になる、保育者を続けるためにも保護者という存在をどのように捉え、向き合うかが問われている。

第２節　連携の必要性

　前節で述べた通り、保育者にとって保護者との対応は離職につながりかねないストレスとなっている。では、なぜ保護者対応が必要なのか。本節では、保護者対応の必要性を親（保護者の多くは親であることから）の教育権、幼児教育・保育施設と保護者との関係、そして何よりも子どもにとっての最善の利益を保障するという観点から検討する。

１．法・制度にみられる保護者の権限と保育施設との関係

　親の教育権は国際法上、普遍的人権とされている。親の教育権とは、わが子の教育に関わることについて有する権利と義務の総体を表す。世界人権宣言（1948年）は「親は、子どもに与えられる教育の種類を選択する優先的権利を有する」（26条３項）と宣言し、国連の子どもの権利宣言（1959年）では「子ど

もの教育および指導について責任を有する者は子どもの最善の利益をその指導原則としなければならない。その責任は、第一に子どもの親にある」（7条2項）とされている。また、1989年に国連総会において全会一致で採択され、1994年わが国において批准された「子どもの権利に関する条約」では、18条1項において「…父母又は場合により法定保護者は、児童の養育及び発達についての第一義的な責任を有する。児童の最善の利益は、これらの者の基本的な関心事項となるものとする」と述べている。

では、国内法はどのように規定しているのか。わが国の教育法制において、学校教育に対する親の教育権について直接述べた条項は見当たらず、民法820条に「親権を行う者は、子の監護及び教育をする権利を有し、義務を負う」と規定されているだけである。ただ、親の教育権は一般的に、すべての人が生まれながらにして持つ権利である「自然権」と理解されている。和歌山県教祖勤評反対事件に関する和歌山地裁判決では、「教育は、まず、家庭教育に始まる。子供に対する本源的教育権者はその両親であり、民法820条は、このことを規定しているが、このことは法律の規定を待つまでもなく、法以前の自然上の原理である」と述べている。

このように、国際法上もわが国においても、子どもに対する教育権は第一義的に親（保護者）が有していると考えられている。幼児教育・保育施設は親からその権限を委託されて、教育活動を行っているのである。たとえ、委託しているとしても、疑問があれば問うこと、要望があれば伝えることは当然の権利と捉えられる。保育者は対応しなければならない。

また、子どもが幼児教育・保育施設で保育、教育を受けるための手続きとして、保護者と施設（市町村）は利用契約を結ぶ。契約を結ぶに際して、施設はあらかじめ保護者に対し、基本理念や方針、施設・設備概要、職員体制、利用定員、利用時間、利用料、保育・教育内容等の重要事項を示す必要がある。示された内容に基づいて、契約を結ぶのであるから、実際の教育、保育内容と契約内容の間に疑問が生じた場合には、その疑問を解消するために施設や保育者に対してその旨を伝えることは当然の行為である。

2．子どもの最善の利益を保障するための保護者との関係

法・制度上幼児教育・保育施設、保育者は保護者の疑問や要望に対応しなけ

ればならないことを説明した。しかし、保護者と連携する必要性はそれだけではない。子どもはほとんどの時間を家庭と幼児教育・保育施設で過ごす。その両者が連携することなしに、子どもの成長・発達を保障することはできない。基本的に、子どものことを一番よく知っているのは保護者である。子どもの性格、好み、家庭での対応などを保育者が知るには保護者とコミュニケーションをとることが重要である。話し合いの場は、どんな子どもに育ってほしいかを出し合い、日々成長する姿を確認し、それぞれの場における生活の様子を共有する場としても機能する。日常的なコミュニケーションこそが連携の基本である。

　保護者と保育者の連携はいくつかの在り方が考えられる。一つの考えとして、保護者が施設運営に参画することで意向を反映させるという考え方がある。教育施設である幼稚園には、国の制度である学校評議員、学校運営協議会が適用される。この制度のもと、保護者が学校運営に参画する道ができた。また、学校評価がすべての学校に求められ、実施される過程で、保護者に対するアンケートが一般的になっている。また、学校関係者評価を実施する委員の一員として保護者が選任される場合もある。これらの評価内容は学校運営に反映される。しかし、評議員や学校運営協議会、学校関係者評価の委員になる保護者はほんの一部であり、それらが設置されていない場合も少なくない。そして、学校運営協議会制度が対象とするのは公立幼稚園に限られている。

　個々の保護者との連携ではなく、保護者集団との連携も必要である。多くの幼児教育・保育施設にPTAや父母会など、保護者の組織がある。保護者と保育者との意見交換の場がこれらの組織を利用して行われる場合は少なくない。実際は施設側が準備、運営していたとしてもPTAの名前を冠した懇談会が行われることも一般的である。ただ、PTAは運営に参画するということを目的に組織されていることはほとんどない。通常、施設運営に参画しないということが前提になっている。

　子どもの最善の利益を保障するためには、保護者との連携が必要不可欠である。しかし、保護者の声や意見が反映される制度が十分担保されているわけではない。それぞれの幼児教育・保育施設、保育者が連携の在り方を考え、進展させることが求められている。

第3節　保護者対応に求められるもの

　保育者の道をめざす者が、保護者との連携を否定することはないであろう。しかし、1節でみたように保護者との対応が理由で離職したり、保育職を選択しない場合が少なくない。保護者対応はそれほどの負荷を伴うのであろう。2節では、それでも保護者との連携が必要不可欠であることを強調した。この矛盾をどのように捉えればよいだろうか。

　保護者から出される要望の中に、保育者にとっては理不尽と思える苦情が少なくない。例えば、特定の園児と遊ばないようにして欲しい、生活発表会の劇でもっと重要な役割に替えてほしい、日焼けが心配だから外へ出さないでほしい、男性の保育者は嫌がるので女性に替えてほしい等々あげればきりがない。このような苦情にさらされ、日々対応していれば、保育職を続けること、保育職に就くことをためらう気持ちは十分理解できる。

　このような現状の中で、保護者との連携を深めるためにどのような対応が求められるのか。3節では、保育者に求められる対応と改善の方向性について検討する。

1．保護者を理解する

　理不尽と思われる苦情や誤解に基づくクレームへの対応はその問題がたとえ解消されたとしても、心身ともに疲弊するものである。施設や保育者に対する不満が全くない保護者はいないだろうが、それが理不尽な苦情として噴出することがないようにしたいものである。その出発点は保護者を理解することにある。子育て経験がなく、保護者との関わりを持つ経験が少ない養成期や初任期に、保護者について、そして保護者と保育者の関係について考えてみることが求められる。

　子どもの最善の利益を保障するために、保護者と保育者は対等な関係で子どもの成長について連携することが基本である。時には、保育者は専門職としての立場から、衣食住の改善や生活時間などについてアドバイスすることも必要になるだろう。しかし、子どものためを思いアドバイスをしても理解してもらえないことも少なくない。中には、家庭のことは放っておいてくれという態度

をあらわにする保護者に出会うこともある。このような反応を経験すると、保護者に対して批判的になり、避けようとする態度につながることも理解できる。しかし、批判しているだけでは何も解決しない。それよりも、なぜ理解されないのか、どうすれば改善されるのかを考えなければならない。

　保護者には保護者の生活がある。仕事が忙しく、望ましくないと思っていながらも子育てに十分な時間を費やすことができていないかもしれない。体調がすぐれない場合もあるだろう。一過性のものならばまだしも、慢性的な疾患があるならば、想像以上に子育ては大変である。あるいは、家庭にトラブルを抱えている場合も考えられる。数例をあげたが、保護者の生活は一人ひとり違う。困難な状況を抱えていることを保育者が知ることは簡単ではないし、すべてを知る必要はない。ただ、子育ての課題に対応できていない現実の背景には、何か理由があるのではないかと想像し、情報を集めることはできる。一方的に批判するのではなく、理解しようとする姿勢が求められる。保育者が保護者と面談する時に緊張するように、保護者にとっても、保育者との面談の場は緊張するものである。ましてや子育てのアドバイスをされた場合は、自分への批判と受け取ってしまいかねない。その時に、保護者を理解しようとする姿勢で臨むことで与える印象は大きく違うはずである。

　同時に、伝え方を工夫する必要がある。改善してほしい点は多岐に渡ることが少なくないであろう。ただ、一度に多くの点について指摘されると、批判を受けたことだけが記憶に残り、実際の改善には向かわないことが少なくない。改善すべき最も重要な点は何かを吟味し、理解できるように説明することが求められる。気づいていることのすべてを伝えないことが怠慢に思えるかもしれないが、たくさん伝えて何も改善されないより、重要な点が少しでも前進することが肝心である。言いたいことをすべて言って、あとのことは相手に任せてしまうのは独りよがりな態度である。

　伝え方の工夫には、どのような姿勢、態度で臨むかという点も重要である。初任期の場合、保護者の多くが年上になる。中には、学歴や社会的な地位が高い人もいるだろう。専門職として培った知識や技能をもとに、自信をもって伝えることは重要だが、相手（保護者）を尊重する態度を忘れてはいけない。押し付けるのではなく、共に考えようとする姿勢が重要である。中には保育職を専門職と理解せず、子どもの面倒をみる人と捉えている保護者も存在するだろ

う。このような場合、頭からアドバイスが拒否されるかもしれない。保育者に対する理解が簡単に変わるとは思えないが、連携をあきらめるのではなく、誠実な対応を粘り強く続けることが求められる。

２．幼児教育・保育施設を開く

　保護者と連携するために保育者が保護者を理解することの重要性を述べた。同時に保護者に施設における保育を理解してもらうことが求められる。施設や保育者について理解を深めることが連携につながると考えられる。

　そのためには情報を保護者に伝えることが第一歩である。学校教育法では第43条で「小学校は、当該小学校に関する保護者及び地域住民その他の関係者の理解を深めるとともに、これらの者との連携及び協力の推進に資するため、当該小学校の教育活動その他の学校運営に関する情報を積極的に提供するものとする」と規定され、第28条で幼稚園にも準用されることが定められている。また、文部科学省が作成した「幼稚園における学校評価ガイドライン」では保護者等に提供する情報例として、教育方針や施設設備について、教職員について、保育内容について等13項目を例示している。

　情報提供を進めるために、それぞれの幼児教育・保育施設、保育者も工夫を凝らしている。園やクラスのおたよりを定期的に発行する、連絡帳で様子を知らせる、保育室に日々の保育の様子を掲示する、保育を公開する、個人懇談を実施する、クラスや全体の懇談会を行う等の取組は日常的に実施されている。これらの取組を通して、保護者の理解を高めようとしているのである。保育情報を提供する取組には準備が必要であり、時間も要する。その重要性をしっかり認識しなければ、子どもの保育に費やす時間が奪われているように感じるかもしれない。しかし、子どもの最善の利益を保障するためには保護者との連携が不可欠であることを肝に銘じ、保護者への情報提供は欠かせない取組であることを確認しなければならない。

　幼児教育・保育施設を開き、情報を提供することは重要である。幼児教育・保育施設がどのような教育・保育方針をもとに活動を計画、実施しているのか、日々の保育はどのように実践されているか、保育者はどんな考えで保育をしているのか、子どもはどんな様子で保育を受けているのか等を保護者が知ることで連携が進むのである。

３. 保護者の参画

　１節で保護者と保育者の連携に保護者が保育に参画するという考え方があることを紹介した。そこでは、学校評議員や学校運営協議会、学校評価等の制度があることを述べたが、保護者が幼児教育・保育施設の運営に参画する意味をあらためて考えてみよう。

　欧州諸国、アメリカ、日本などを含む35カ国が加盟する OECD は、「世界最大のシンクタンク」と呼ばれ、様々な分野における政策調整・協力、意見交換などを行っている。その中には保育分野も含まれ、「人生の始まりこそ力強く（Starting Strong）」というタイトルを関した調査を行い、加盟各国の保育の質に関する現状を報告していることはよく知られている。2012年の報告書では保育の質を高める上で重要となる政策課題として５点を挙げているが、その中の一つが施設に対する家族や地域の参画である。参画には様々な手法が考えられる。保育参観へ参加することや保育行事の手伝いも参画である。特技を生かして、読み聞かせなど保育そのものに参画する場合もあるだろう。そして、幼児教育・保育施設の意思決定に参画するという方法がある。

　公立学校に導入されている学校運営協議会は保護者や地域住民が学校運営に参画することを目的に導入された制度であるが、幼稚園で大きく広がっているわけではない。2018年４月１日現在、全国の147園で導入されているが、これは国公立幼稚園の3.9％程度である。そして、国公立幼稚園の約1.8倍存在する私立幼稚園は対象になっていない。また、学校運営協議会の役割として、学校運営や教職員の任用について意見を出すことは明記されているが、決定に関与することは想定されていない。

　では、OECD 諸国では、どのような参画がなされているだろうか。例えば、イギリスではすべての公立学校で親が参加する学校理事会（School Governing Body）の設置が義務付けられている。学校理事会は、教育課程、教職員の任用、学校予算の運用について意思決定する機関である。また、学校理事会にはすべての親の意見を聞くことが義務付けられている。

　デンマークでは国の制度により公立の教育施設・保育施設に親評議会の設置が義務付けられ、私立園においても親の意見を反映する仕組みを定めることが義務付けられている。親評議会は親と施設のスタッフが参加し、そこでは教育課程や予算などを論議し、決定している。

　保護者が意思決定に参加する制度を有するのはヨーロッパの国々だけではない。韓国では親協同保育施設（保護者が組合を結成して運営する保育施設）以外のすべての保育施設に運営委員会の設置が義務化されている。運営委員会は園長、保育者代表、保護者代表などで構成されている。そこでは、施設の予算や施設の運営に関する事、勤務環境や保育環境の改善などが論議され、決定される。

　三つの国の幼児教育・保育施設の意思決定に保護者が参画する制度について、簡単に紹介した。日本でも保育の質を高め、子どもの最善の利益を保障するために保護者が参画する制度を前進させることが求められる。しかし、現場で働く保育者から、このような制度を望む声は大きくない。どちらかというと消極的、否定的である。それは、保護者対応が今以上に増え、困難になると予想されるからであろう。しかし、決定に関与するということはその決定に責任を持つということを含む。教育の一義的な権限と責任を持った保護者がその権限と責任を果たすべく、幼児教育・保育施設の運営に関与する方向は検討されるべきだと考えられる。それは、保護者がただの利用者として、意にそぐわないことに苦情を言う存在ではなく、施設運営に関与し、保育の質を高める主体者となる方向性を示している。そして、保育者には専門職として保護者に助言すること、施設で働く一員として意思決定に参加することが求められるであろう。

4．保育者間の連携

　保護者と保育者の連携を強化し、理不尽な苦情にさらされないために、保護者を理解し、保育情報を公開し、保護者の参画を実現することが求められると述べてきた。それでも理不尽な苦情やクレームがなくなることはないであろう。そのような問題に直面したときに最も大切なことは自分一人で抱え込まない事である。保護者対応が必要となる問題が生じたときは、職場でその問題を共有することが不可欠である。

　ただ、その苦情が自分にも原因があると思える場合、できれば一人で対応しようとする気持ちが生じることも分からないではない。あるいは、自分の力で解決できると思える場合もあるだろう。しかし、クレームは保育者個人に向けたものであると同時に保育者を指導する立場にある保育者や管理職、保育施設そのものに向けたものでもある。また、理不尽な苦情であればあるほど、個人

の対応で解決できるものではない。できるだけ早い段階で、共有することが求められる。

　共有の前提として、事実を把握することが必要である。保護者からの苦情は保育者にとっては取るに足らない内容かもしれない。記憶さえ定かでない場合もある。しかし、実際の対応は事実に基づいたものでなければならない。集団で対応を検討する場合に、同じ情報をもとに考えなければ適切な対応はできない。保育記録を見直したり、関係する保育者からの聞き取りが必要になる。また、保護者の訴えをしっかりと記録しておくことも求められる。

　理不尽な苦情を共有し、個人の責任にするのではなく、協力して対応できる職場にはどのような条件が必要だろうか。まず考えられるのは、管理職の姿勢である。職員を大切にし、理不尽な苦情に対しては毅然としたぶれない姿勢で対応することが求められる。また、一定の経験を積んだミドルリーダー層が風通しの良い職場の核となることも重要である。管理職やベテランの考えを経験の浅い保育者に伝えると同時に逆のベクトルもしっかりフォローすることが求められる。

　では、経験の浅い保育者に何が求められるだろう。まずは、日ごろから先輩保育者から学ぶ姿勢を見せることである。その姿勢を前提として、日常的にコミュニケーションを図ることが求められる。実習施設の指導者から実習生に対して以下の内容の指導を求められることがある。あいさつができない、主体的に質問しようとしない、１日の反省や質問を尋ねても答えられない、アドバイスや指導を受け止められないなどが代表的な内容である。しかし、実習生本人には自覚がない場合も少なくないし、自分は一所懸命がんばっていると認識している場合がほとんどである。ただ、人間関係は相互関係である。相手に伝わることが必要だ。先輩から学ぼうとしている、吸収しようとしている姿勢を自分の中に止めておくのではなく、しっかりと表すことが求められる。話を聞くだけでなく、自分の意見を述べることも必要だろう。経験の浅い保育者の、前向きな姿勢は職場に協働的な雰囲気を醸成することにもつながる。そして、そのような職場であれば、苦情やクレームの共有が前進するのであろう。

（板倉史郎）

課題1 保護者と連携することの重要性についてまとめましょう。

課題2 保護者から苦情やクレームがあったとき、どのように対応しますか。具体的な場面を想定して、まとめましょう。

参考図書

結城忠著『教育の自治・分権と学校法制』東信堂 2009

OECD 編著 秋田喜代美他訳『OECD 保育の質向上白書』明石書店 2019

池本美香編著『親が参画する保育をつくる』勁草書房 2014

第13章　情報機器の活用と保育

　ここ10年ほどの間に、スマートフォンやタブレットが普及し、PCよりも日常的に使われている状況になってきている 。スマートフォンの普及により、内蔵されるカメラ機能で、写真や動画も簡単に高性能に撮影できるようになってきている。2017年、コンピュータ関連のニュースとしてAI（人工知能）が話題となっている。オックスフォード大学のカール・ベネディクトとマイケル・オズボーンは、AI（人工知能）やロボットの普及により、米国では10年から20年後には労働人口の約半数にあたる現在ある職業が代替可能と試算している。そのような新しい局面にある情報化社会のなかで、保育園、幼稚園やこども園も例外ではなく、保育の日常業務の負担を軽減し、安全に情報機器を活用することが期待される。

1．ICT機器の種類、メディアの特性、幼児とメディア、メディア・リテラシーや情報機器の現状を説明する。
2．ICT機器の活用として、幼児に対するICT機器の活用、保護者に対するICT機器の活用、保育者のICT機器の活用について説明する。

第1節　情報機器の現状

1．ICT機器の種類

　ICT（Information and Communication Technology）とは、情報通信技術と日本語に訳され、以前から使われているIT（Information Technology）にコミュニケーション、つまり通信の意味を含めた用語となっている。これはインターネットが広く普及したことより、通信の側面にも着目した用語である。学校教育現場においても、情報機器活用能力育成のために文部科学省が「ICT環境

整備事業」を展開している。ICT 機器は、主にパソコンやスマートフォンの本体であるハードウェア、その上で動作するプログラムであるソフトウェア、複数のコンピュータをつなぐネットワークである通信機能を含めた概念となっている。

そのような ICT 機器は、インターネットやスマートフォンの普及により、日常的な生活の基盤になりつつあり、生活の一部になっていきている。幼児の教育現場においても、目的に応じて活用することが期待されている。

(1)ハードウェア：コンピュータのハードウェアの基本構成は、①演算装置、②制御装置、③記憶装置、④入力装置、⑤出力装置の 5 つの機能である。それらの 5 大装置としての具体的なハードウェアとしては、パソコン、スマートフォン、タブレット PC 等の本体であり、その他のハードウェアとしては、モニター、プリンタ、ビデオカメラ、デジタルカメラ、書画カメラ等である。

(2)ソフトウェア：ソフトウェアとしては、ハードウェアの上で動作するオペレーティングシステム (OS) があり、その上でアプリケーションソフトが動作する。オペレーティングシステムとは、PC であれば Windows やMacOS のことであり、スマートフォンやタブレット PC であれば、iOS や Android のことである。オペレーティングシステムは、コンピュータのハードウェアとアプリケーションソフトを管理して、利用者に使いやすくしてくれるソフトウェアである。アプリケーションソフトとしては、代表的なものとしては、ワードプロセッサー、表計算ソフト、プレゼンテーションソフト、画像処理ソフト、動画編集ソフト、音楽編集ソフト、電子書籍、デジタル教材等がある。

(3)その他：ICT 機器をより効果的に活用するための通信機能としては、インターネット、無線 LAN、有線 LAN 等がある。

これらの機能を組み合わせて、効果的に活用できるように ICT 機器の利用環境を整備することが重要である。

2. 情報機器とメディア

幼児教育の現場で情報機器や ICT 機器の活用を考える場合、情報機器や ICT 機器とメディアの関係を把握することは重要である。情報機器や ICT 機

器の急速な発展により、これまでのメディアが大きく変化してきている。

　メディアとは、一般的には情報を伝達する中間のもの、つまり伝達手段や媒体のことを意味している。代表的なメディアとしては、近代に発明された活字媒体としては本や新聞、雑誌がある。その後、ラジオ、映画、テレビ放送等の音声メディア、映像メディアが発明され、それを記録した CD や DVD が登場した。さらにコンピュータが登場し、インターネットというメディアが普及することで、Web 検索、SNS や YouTube といった情報サービスも登場し、幅広く利用されている。

3．メディアの特性

　幼児教育の環境でメディアの活用を考えていく場合、メディアの特性を把握しておく必要がある。

　新聞、ラジオ、テレビといったマスメディアは、一度に大勢の人に同じ情報を届けることができるが、情報の送信者から受信者への一方向であることが特徴である。それに対して、ICT 機器のメディアは、インターネットのように誰もが情報の発信者にもなり、受信者にもなれるような双方向のメディアであることが特徴である。

　ICT 機器でも、パソコンを活用する場合は、ある程度の知識や技能が必要になるが、スマートフォンやタブレットにおいては、ほとんど予備知識がなくても扱え、誰でもいつでもどこでも持ち歩いて活用できるような ICT 機器であることが特徴である。特にこのスマートフォンやタブレットの扱いやすさは、幼児にも簡単に扱えることもあり、家庭でもすでに保護者の下で子どもたちも日常的に触れている ICT 機器でもある。

4．幼児とメディア

　情報機器やメディアの発達は、社会に様々な情報を広く伝えることで、便利な社会になることは確かではあるか、一方でその情報化社会の流れの中で育つ幼児にとっては、否定的な側面があることが指摘されている。以前から長時間テレビを見続けることに、注意喚起されていることもあるが、特に最近のスマートフォンやタブレットの普及により、幼児が長時間にわたってスマートフォンで動画を見たり、ゲームで遊ぶことに対して危惧されている。

　幼児への影響については、様々な議論があるが、主に家庭において、幼児と保護者がコミュニケーションをとらずに、幼児が一人でテレビやゲームをし続けることにより、メディア漬けとなり、親子のコミュニケーションの時間が減少し、自然体験や社会体験が奪われることで、笑顔がない、慢性疲労、前頭葉の活動低下、感情の平坦化が、田澤（『メディアにむしばまれる子どもたち ―小児科医からのメッセージ―』）により、次のような4つの弊害として指摘されている。

(1)家族の絆が希薄なまま時間が過ぎていく

(2)社会的な土台が形成されない

(3)心の発達に遅れが生じる

(4)コミュニケーションやパーソナリティの問題が形成される

　テレビやビデオなどの、一方向行の動画メディアも、スマートフォンやタブレットの中で扱える動画や写真メディアも、子どもたちにとっては、身近なものとなっており、利用時間や使い方によっては、幼児の発達へ深刻な影響を与えることがあり、日本小児科医会から警告も出されている。

表13-1「『子どもとメディア』の問題に対する提言」2004年2月6日

社団法人　日本小児科医会「子どもとメディア」対策委員会

1．2歳までのテレビ・ビデオ視聴は控えましょう。
2．授乳中、食事中のテレビ・ビデオの視聴はやめましょう。
3．すべてのメディアへ接触する総時間を制限することが重要です。1日2時間までを目安と考えます。テレビゲームは1日30分までを目安と考えます。
4．子ども部屋にはテレビ、ビデオ、パーソナルコンピューターを置かないようにしましょう。
5．保護者と子どもでメディアを上手に利用するルールをつくりましょう。

5．メディア・リテラシー

　幼児期において、長時間テレビや動画を見続けることやスマートフォンでゲームをし続けることは、日本小児科医会の提言にあるように、望ましいことではない。一方では、すでに家庭に広くスマートフォンやタブレットが普及し、すでに子どもたちは家庭において、少なからずスマートフォンやタブレットに

触れている現状がある。

　2020年度から実施される新学習指導要領では、「主体的・対話的で深い学び」の視点からの授業改善や、特別な配慮を必要とする児童生徒等の学習上の困難低減のため、学習者用デジタル教科書が制度化され、そのデジタル教科書が必要に応じて使われることになっている。

　このようにICT機器が社会や家庭に広く普及し、小学校以降の学校教育現場でICT機器を活用していこうという状況の中で、単にスマートフォンやタブレットのICT機器を遠ざけることも簡単ではない。そこで必要になってくるのが、メディア・リテラシーや情報リテラシーである。「リテラシー」とは、もともとは「読み書きの能力」のことであるが、「メディア・リテラシー」と言う場合には、単に文字の読み書きのことではなく、メディアをうまく適切に活用できる能力のことをいう。同様に情報リテラシーといえば、情報の特性を理解し活用する能力のことであり、ICTリテラシーといえば、ICT機器を適切に活用する能力のことをいう。

　幼児教育の現場では、幼児も年齢の発達に応じて、メディア・リテラシーを学び、身に付けることも必要なことではあるが、それ以上に必要なことは、保育者がメディアの特性を理解し、保育の目的や幼児の保育環境を整えて、メディアやICT機器を必要に応じて活用していくことである。ICT機器だけでなく、絵本のような伝統的なメディアや、様々なICT機器の長所や短所を理解し、十分に検討したうえで、必要な教材として保育に取り入れることができるような知識と能力が保育者に必要になってきている。

　もしスマートフォンやタブレットが家庭で望ましくない使い方がされているのであれば、保育者が保護者にそのことを伝えられるような知識や能力も必要である。現在、インターネットに接続されたスマートフォンやタブレットが急速に普及し始めた時期でもあり、メディア・リテラシーや情報倫理といった内容も社会的に十分に普及しているとは言えないため、保育者も保護者も幼児もその新しい状況について、一緒に取り組んでいく姿勢が重要である。

第2節　ICT 機器の活用

　ICT 機器はすでに幼児の生活を取り巻く環境の一部になってきている。幼児期の教育に ICT 機器を取り入れていくことには否定的な意見もあるが、ICT 機器のメリット、デメリットを理解したうえで、状況に応じて、ICT 機器の有用なところは取り入れて活用していく態度が必要である。

　『幼稚園教育要領』において示されているように、幼児教育では、「環境を通しての遊び」や「生活の中での直接的な体験」をすることが重要であり、これをふまえて ICT 機器を活用する。まずは五感を働かせて体験することを何よりも優先する。しかし、すべてのことを体験できるわけではないことや、体験は時間的にも空間的にも一時的なものでもあるので、体験する前や後にメディアや ICT 機器を組み合わせることで、実体験をより価値があり、永続的な記憶や知識に変えることができる。

　保育の現場で、ICT 機器の活用は、主に活用する対象に分けて、次にように3つに分けて考えることができる。

1．幼児に対する ICT 機器の活用

　子どもの遊びや学びの中に教材としての活用である。情報機器の様々な表現手段を利用して、写真やビデオ等を効果的に活用することができる。例えば、遠足に出かけたときに、知らない植物や虫を発見したら、よく観察したうえで、デジタルカメラでその写真を撮る。園に帰ったら、保育者や園児たちと話し合いながら撮影した動植物を図鑑で調べることで、過ぎ去った体験を新しい知識や記憶にすることができ、子どもたち同士の話し合う教材にもなる。ICT 機器を活用することで、幼児の直接体験をさらに意義あるものにすることができ、その写真を使ってさらに別のテーマの教材に活用したり、さらに興味を深めることもできる。このように、時間と場所と方法をよく吟味して活用すれば、ICT 機器は実体験を大事にしながら、その実体験をさらに深める道具になりうる。

2．保護者に対する ICT 機器の活用

　これまでも保護者への連絡帳、おたより等により、園での幼児の活動の様子

を伝えてきたが、ICT 機器を活用することで、より表現力のある伝達手段となる。

　従来の保育記録は主に文字や図で構成され、保育者の自らの保育を振り返るための資料として作成されている。この記録は、主に研修会や保育の振り返りに使用されるが、デジタルカメラで撮影した写真を取り入れることで保育者だけでなく、子どもや保護者にもわかりやすい保育記録（ドキュメンテーション）になる。ドキュメンテーションは、ただ単に写真のある記録ではなく、保育を充実させていくためのものである。ドキュメンテーションは、幼児の活動の結果や完成作品だけを写真で残すのではなく、子どもの学習過程や活動過程を可視化した記録である。

3．保育者の ICT 機器の活用

　保育の記録・計画等の文書作成管理、一般的な事務作業、行事の計画や準備など、保育にかかわる作業があり、ICT を活用することで業務を効率化することができる。

　事務所類については、園により様式や内容が異なると考えられるが、同じ様式で作成するような書類であれば、ICT 機器で書類作成すれば、誰が作成しても共通の様式となり、探しやすく見やすい資料となり、事務負担も軽減されると考えられる。データは園内の決められた場所に保存しておけば、保育者間での情報共有にもなり、担当者が変わったとしても過去の記録が確認できるなど ICT 機器を活用するメリットが十分にある。

4．視聴覚教材の作成と活用

　絵本や紙芝居、その他の遊び道具と同様に、ICT 機器にも様々種類があるため、様々な情報機器や視聴覚教材にもできる限り技能や知識を習得しておく必要がある。

　ハードウェアとしては、パソコン、大型モニター、プロジェクター、デジタルカメラ、ビデオカメラ等の操作や接続の仕方、メディアへの記録や再生の仕方を事前に習得しておく。

　ソフトウェアとしての活用も知識や技能を習得しておく。画像処理ソフトを活用すれば、写真の必要な部分だけ切り出したり、明るさ調整をしたり、その

ままの写真よりも見やすく調整でき、保育のねらいに合わせた画像に加工することができる。動画編集ソフトであれば、必要のない部分を削除し、説明の文字を挿入することができる。音楽編集ソフトでの、必要ない部分を切り取りしたりして編集することができる。

　プレゼンテーションソフトは、写真や動画、文字や音楽を組み合わせてスライドショーにすることができる。保護者への園紹介や、卒園式の思い出の写真スライドショー等を作成することもできる。

　様々な情報機器やICT機器は、毎年のように新しい機種が発売され、バージョンアップされることがあり、初めて使うものはもちろんであるが、すでに活用しているものでも常に新しい知識や技能を身に付けておくように心がけるべきである。

　写真や動画を含めたICT機器の活用は、絵本や紙芝居、様々な遊具と比較検討したうえで、その特性を理解して活用すべきものであり、保育のねらいや目的に合っているかどうかも事前に十分検討する必要がある。

　ICT機器や視聴覚教材を活用するときの視点としては、まず幼児の体験を基礎に置き、その体験からICT機器を活用して知識や想像を広げたり、深めたりすることである。さらに、保育者と幼児や幼児同士が話し合えるような環境を作り、豊かなコミュニケーションが展開されるように工夫することが重要である。

（森大樹）

課題１　幼児に対してメディアを活用する場合の注意点と、情報機器の活用方法を
　　　　まとめてください。
課題２　写真を活用して、ドキュメンテーション（保育記録）を作成してください。

参考図書
師岡章著『幼児教育の指導法』放送大学教育振興会 2015
社団法人日本小児科医会「子どもとメディア」対策委員会「『子どもとメディア』の問題に
　対する提言」2004　https://www.jpa-web.org/dcms_media/other/ktmedia_teigenzenbun.
　pdf（2019年10月8日アクセス）
田澤雄作著『メディアにむしばまれる子どもたち—小児科医からのメッセージ--』教文館
　2015

第14章　多文化社会での保育

　2018(平30)年6月末の日本の在留外国人数は、法務省によると263万7251人で，前年末に比べ7万5403人（2.9%）増加となり過去最高である。現在、交通も発達したため人の移動も活発化し、インターネットで他国の状況もすぐわかり、人と人とのやり取りも簡単にできる。1つのものを作り上げるために、複数の国で作られたものを集めて作ることも、当然のこととなり、人の流れが活発化するのは当然のことである。また、世界的に多くの移民が移動し、豊かな国に人が流れていくことは当然の流れである。1つの社会に複数の民族、文化をもつ者が存在していることが当然の社会となり、そのような多文化社会の中で、どのような教育をすべきなのか、世界的に模索されている。本章では多文化社会の中での保育に焦点を当て解説する。

　1．グローバル社会、多文化社会の中での保育について説明する。
　2．アメリカ合衆国での多文化社会の中での保育について説明する。
　3．日本での多文化社会の中での保育について説明する。

第1節　グローバル社会、多文化社会の中での保育

　グローバル化とは、どのような意味であるのか。以下のように文部科学省は述べている。「グローバル化」とは、情報通信技術の進展、交通手段の発達による移動の容易化、市場の国際的な開放等により、人、物材、情報の国際的移動が活性化して、様々な分野で「国境」の意義があいまいになるとともに、各国が相互に依存し、他国や国際社会の動向を無視できなくなっている現象ととらえることができる。特に「知」はもともと容易に国境を越えるものであることから、グローバル化は教育と密接な関わりをもつ。

　このようなグローバル化が進んだ多文化社会の中で、どのような保育が求められるのだろうか。

　多文化社会での教育は、少数派の人種、民族、文化をもつ人の立場に立ち、公正な立場から多文化社会における多様な人種、民族、文化を持つ人との共存・共生をめざすべきものである。少数派の視点に立ち、多様な人種・民族が共存・共生できる社会での保育を考える必要がある。

第2節　多文化社会でのアメリカ合衆国の保育

　人種のるつぼ、サラダボウルとも言われる多文化社会であるアメリカ合衆国の保育はどのようなものだろうか。

　2018年のアメリカ合衆国国勢調査によると、アメリカ合衆国（以下、アメリカ）の人口は3億2716万人、人種構成は白人が76.5％、ヒスパニック・ラティノ18.3％、黒人／アフリカ系アメリカ人13.4％、アジア系5.9％、アメリカ・インディアンとアラスカ先住民1.3％、ハワイ先住民と太平洋諸島の住民0.2％である。American Center Japan によると、アメリカがこれまでに受け入れた移民の数は世界のどの国よりも多く、合計5000万人を超えている。人種のるつぼという由縁である。

　それでは、人種のるつぼと言われるアメリカの基本的な初等中等教育制度・保育制度について説明する。

1. アメリカの教育制度

　アメリカの教育に関する連邦の権限は憲法に規定がなく、教育は州の管轄事項であり、各州が州憲法に基づき独自の教育制度を定めている。このため、初等中等教育制度や修業年限は州や学区によって様々である。ただし、図14-1のように、ほとんどの州で小学校が6歳から始まり、18歳でハイスクールを卒業することは、共通している。就学前教育については、アメリカが自助の精神を重んじるため、乳幼児の保育は保護者の権利と義務で行うものと考えられている。そのため、アメリカでは様々な保育サービスが発達してきた。主に、幼稚園（kindergarten）、保育学校（preschool, nursery school）、保育所（day care center)、個人宅等で小規模な保育を行っている家庭外保育、家政婦やベビーシッターを家庭に雇う家庭内保育等がある。この様々な保育サービスから、保護者が自分で選ぶ形となっている。

　国の関与を好まないアメリカの保育だが、1960年代に特別な支援を必要とする低所得者層対象のヘッドスタートが開始された。これは、低所得層の就学前の子どもたち（早期ヘッドスタートは０〜３歳、ヘッドスタートは３〜５歳に行われる支援）の成長発達を支えることを目的とし、子どもたち、親を対象に保健、栄養、教育等の包括的なサービスを提供する支援事業である。

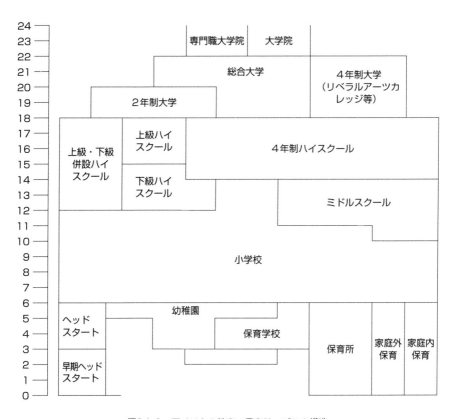

図14-1　アメリカの教育・保育サービスの構造
出典：岸本睦久（2018年）「アメリカ合衆国」文部科学省編『諸外国の初等中等教育』
明石書店，36頁「学校系統図」，39頁「図１」を参考に作成

2．多文化社会でのアメリカの保育

　それでは、多文化社会でのアメリカの保育について、焦点をあててみよう。

　注目すべき点は、全米乳幼児教育学会（NAEYC）が1989年に『ななめから見ない保育（Anti-Bias Curriculum）』を出版していることである。これは、ロサンゼルスの幼稚園等に勤める13人の幼児教育者の共同研究で、性、人種、民族、文化、障がい等で偏見をもたせないための目標を掲げている。その発達段階に応じた目標が、2歳児、3〜5歳児は、「人種・民族間の相違点と共通点を学習する」「障害について学ぶこと」「性アイデンティティについての学習」「文化的な相違と類似について学ぶ」「固定観念や差別行動に抵抗することを学ぶ」にそれぞれの目標を定めている。

⑴2歳児の目標

　　①性・人種・文化・身体的な能力について、豊富で正確な、固定概念ではない基礎的資料を提供する。

　　②性の役割・人種の特性・言葉・身体的な能力などの違いに子どもたちが、親しむことができるようにする。

　　③2歳児の、身体的・社会的な自分自身や他の人についての好奇心の芽生えを励まし、育てる。

　　2歳で肌の色の違いに気づき始めると指摘し、性・人種・文化・身体的な能力について、豊富で正確な基礎的資料を提供することを目標としている。アメリカでは肌の色の違う人が、日本より混在しているので、日本よりも敏感に気づくのかもしれない。

　この目標の例の中で、肌の色が違うことに気づいた子どもにどのように対応するのか、示されている。

　浅黒い肌のメキシコ系アメリカ人の2歳児のシェリーが、「なぜ私は、肌に色が着いているの？」と尋ねると、保育者は、それぞれの親から、特別の美しい色をもらっていて、異なる色を持っていると答える。それから、保育者はそれぞれの子どもに肌・髪・目の色について話し、それぞれの色が特別で、いかに美しいかを強調する。おやつの後、シェリーは遊びに行く前に、保育者に抱きつく。後の集まりの時に保育者は、『くまさん、くまさん、何見てたの？（Brown Bear, Brown Bear, What Do You See?）』の絵本を読む。シェリーは、自分の手と足を絵本の茶色のところに置く。「そうよ。あなたの手と足は、同じ茶色ね」と、保

育者は言う。

　シェリーが遊びに行く前に、保育者に抱きついたのは、自分の肌の色、人種を認めてくれた嬉しさを表している。また、『くまさん、くまさん、何見てたの?』は、「茶色のくまさん」というくまの Brown という色の言葉と茶色のくまの絵から始まり、何をみてたのと聞かれたくまさんが、「私を見ている赤い鳥を見ているんだ」と答える。次は、「赤い鳥さん、赤い鳥さん、何見てたの?」という言葉とともに赤い鳥が描かれている。色の付いた生き物に代わっていくだけで、後の言葉は同じである。赤い鳥の次は、黄色いアヒル、青い馬、緑の蛙、紫の猫、白い犬、黒い羊、黄金の魚という色の付いた生き物が登場し、肌の色に関心がつながる絵本であり、それぞれの生き物の色を肯定的にとらえている絵本で、それぞれの親から、特別の美しい色をもらっていて、異なる色を持っている、という保育者の言葉とリンクし、子どもたちの心に響く。

　保育者が、子どもの発言やしぐさ、身振りなどを見逃さず、子どもの気づきに対して的確に言葉をかけることが重要である。保育者の的確な対応によって、自分のアイデンティティを認識し始めることを援助することとなる。それぞれのお父さんやお母さんから特別な美しい肌・髪・目の色をもらっていること、そしてそれぞれの子どもの肌・髪・目の色が、それぞれ特別で、いかに美しいかを強調することが重要である。

⑵ 3〜5歳児「人種・民族間の相違点と共通点を学習する」の目標

　① 自分や他者の身体的特徴について、子どもたちが質問することを奨励・促進すること

　② 正確で、子どもたちの発達に即した知識を提供すること

　③ 子どもたちが、自分たちの人種・民族的なアイデンティティに対して優越感ではなく、誇りを感じることができるようにすること

　④ 子どもたちが身体的な違いに対してリラックスした気持ちになり、またそのことを尊重することができるようにすること

　⑤ 人間が共通に持つ身体的な特徴に気づくように援助すること

　自分たちの人種・民族的なアイデンティティに対して優越感ではなく、誇りを感じるということが目標であることにも留意したい。3〜5歳児は2歳の時から関心のある身体的特徴を学習し続ける。3〜5歳児は、人種、民族間のバリエーションに気づき、自分たちがどこに属するのかにも関心がある。

　肌の色だけでなく、髪と目の違いに気付いた４歳児の例を見てみよう。

　お話の時間にヘクター（４歳）は、手を伸ばしてジャマールの髪に触ろうとするが、ジャマールはその手を押しのけ、「触っていいかって聞かなかったんだよ」と怒るので、保育者が「もしヘクターが聞いてからだったら良かったの？」と聞くと、ジャマールは「そうだよ。僕に聞けよ。そしたら触ってもいいさ。僕だって君の髪に触りたいさ」と答える。「そうね。聞いてからだったら、みんなの髪がどんな風か触ってみるのはおもしろいわね。ジャマールとヘクターの髪は同じ感じ？それとも違う感じ？」と保育者は尋ね、お互いに髪を触っている。

　自分の髪と色、質が違う髪はどのようなものか、触りたいと思う気持ちは、自然な子どもの発想、行動である。その素直な行動を頭ごなしに叱るのではなく、何故そのような行動をしたのか、どのようにしたら髪に触ることができるのか、相手の許可を得れば触ってもよいということに気づかせることが重要である。結局、髪を触られることを嫌がった子どもも、触ろうとした子どもの髪を触りたかったこともわかり、お互いの髪の毛を触り合うという微笑ましい光景となっている。このようにして、お互いの存在を認め、お互いに尊重することを学び合うのである。保育者の援助があると、このように子どもの学びがより一層深まる。

　幼児に、人種・民族について話すことを避ける傾向もあるが、子どもたちが質問してきた場合、困惑せず、正しい知識を基に対応し、子どもそれぞれのアイデンティティを育み、それぞれのアイデンティティを尊重し合える保育が、保育者には求められる。

⑶３歳〜５歳児「文化的な相違と類似について学ぶ」の目標

　①文化的アイデンティティに関する知識と誇りを育成する。

　②同じ文化、異なった文化に対する好奇心、喜び、共感を育成する。

　③異なった文化に対するとまどい、不適当な対応を克服する方法を教える。

　この目標の実践活動は、子ども、保育者、職員の家族の写真で、似ている点を話し合う。よく使う言葉をその子どもの国の言葉で書いておく。子どもの民族を描いている物語を読み、話し合う。人形を使って、言語、食べ物、音楽などを紹介する。外国語で本を読み、言葉が分からないということはどんな気持ちがするのかを話し合う。子どもたちが家庭で食べているものを料理する。祝祭日における民族の活動を使って文化の多様性を学ぶ。その民族が歌っている

歌で、子どもが興味を持つ歌を歌う等の例が挙げられている。

⑷３歳〜５歳児「固定観念や差別行動に抵抗することを学ぶ」の目標

　①自分と異なる人たちに対して、自分の気持ちも安らぐことなく、相手にも
　　快く思われないような付き合い方をやめて、尊敬に満ちた、安らぎのある
　　付き合い方ができるよう子どもたちを指導すること。

　②就学前の子どもたちに、フェア（公平）という概念や互いの共感を育てら
　　れるようにすること。

　③古い固定観念に批判的な考えを、子どもたちに培うこと。

　④偏見がかった考えや差別行動に対抗して、自他を守ろうとする自身や手だ
　　てを子どもたちが身につけられるようにすること。

　この目標について、具体的な例が記述されている。中国系の保育者が、中華
風デザートを作ると言うと、「中華料理なんて大きらい」「白人用でなきゃだめ
よ」と子どもが言う。「白人用の食べ物ってどんなもの？」と保育者が尋ねると、
その子どもは自分がいつも食べているものの話を始める。保育者はあなたも私
も、自分が毎日食べているものが好きなだけだと指摘し、中華料理が嫌いと言
われると、傷つくと述べ、「どれもいらない。結構です。どんな味なのか知ら
ないもの」と言えば良いと教える。少し味見すれば良いし、初めてでも好きに
なるかもしれないと保育者が述べ、対応例を示している。

　文化の違いに対する否定的な反応には戸惑わず、子どもが何故嫌な気がして
いるのかを分析し、子どもに分かるように言葉にし、説明する。また、その言
葉が、いかに人を傷つけるかも説明し、どのように言えばよかったのか、子ど
もに分かるように説明することが重要である。

　「固定観念や差別行動に抵抗することを学ぶ」ということを目標に定めてい
るのは、日本とは違い自己主張を重要視するアメリカらしい。このような自他
を守る方法を学ぶことは、日本でも参考にしたい点である。

第３節　多文化社会での日本の保育

　日本にも多くの外国人が幼稚園、保育所、認定こども園等に入所している。
2009年の日本保育協会の「保育の国際化に関する調査研究報告書」によると、

それぞれ、留学、仕事など、事情は異なるが、ほとんどの家庭が収入の多い日本での就労を目的としていて、把握されている保育所に入所している児童数は、67カ国、11551人で、最も多い国籍順に、ブラジル、中国・台湾・マカオ、ペルー、フィリピンとなっている。先に述べたように、2018年の在留外国人数は、263万7251人で、過去最高である。この在留外国人増加に比例して、幼稚園、保育所、認定こども園等に入所する外国人児童が増加していることは容易に推測できる。日本でも多民族化・多文化化しており、多様な人々と共存・共生する社会への体制づくりが求められている。多文化化が進む中、日本でも多文化社会での保育を検討せざるを得ない。

　多文化社会での保育に関わる内容は、幼稚園教育要領では、「海外から帰国した幼児や生活に必要な日本語の習得に困難のある幼児については、安心して自己を発揮できるよう配慮するなど個々の幼児の実態に応じ、指導内容や指導方法の工夫を組織的かつ計画的に行うものとする」とある。保育所保育指針、幼保連携型認定こども園教育・保育要領では、「子ども（園児）の国籍や文化の違いを認め、互いに尊重する心を育てるようにすること」とある。多文化社会での保育とは、安心して自己を発揮できるよう配慮し、子どもの国籍や文化の違いを認め、互いに尊重する心を育てることが求められる。それでは、安心して自己を発揮できるよう配慮し、子ども（園児）の国籍や文化の違いを認め、互いに尊重する心を育てるようにするには、具体的にどのようにすれば良いのだろうか。

　「保育の国際化に関する調査研究報告書」によると、インターナショナルスクールの保育園・幼稚園では年１回 "One World Day?　世界はひとつ？" という日を設けて、子どもたちが自分の国の衣装を着て、音楽や踊りを楽しむ日がある。このように、自分の国の民族衣装、楽器、音楽、踊り等を紹介してもらい、お互いの国について知り合う日を作るということも１つの方策である。また、お互いの国の料理を食べ合うことも、文化を理解し合う良い機会となるであろう。

　また、その子どもの国の文化、生活がわかるような絵本を日本語やその子の国の言語で読み聞かせると、子どもたちも保護者も日本語以外の言語、文化に関心をもつ。外国の子どもの国の絵本が置いてあるだけでも、その子どもも自分の国の文化が認められていると感じるだろうし、日本の子どもにとっても、

その国への興味に繋がり、お互いを尊重する気持ちが芽生える。このような実践は、子どもの国籍や文化の違いを知り、認め合うことの第1歩となる。このような積み重ねが互いに尊重する心を育むことに繋がる。

　このように文字は、その子どもの国の文化である。それ故、その子どもの名前を表す文字も重要である。すべての人にとって、自分の名前は唯一無二のもので、自分のアイデンティティを表すものである。保育所、幼稚園、こども園ではすべての持ち物や靴箱、ロッカー等に名前を書くが、外国の子どもの名前を全てカタカナに直すのは望ましくない。その子どもの国の文字でその子どもの名前を書き、それだけでは保育者、子ども、保護者が読むのが難しいので、近くにカタカナを書くことが望ましい。その子どもの国の文字を書くことによってその子どもは、自分の国の文化が認められているとも感じ、自分を尊重されていると感じることができる。他の子どもたちも見たことがない文字を見て、どのように発音するのか、どのような意味があるのかにも関心をもち、その子どもの国、文化を認め、尊重する心が育つ。

　また、母語の獲得が自己を形成するために重要である。頭の中で、物事を理解し、経験したこと、感じたことを整理し、その上で自分の考えを構築するには言葉を使って考える必要があり、自己を形成するためには母語といえる言語が必要である。母語を獲得していなければ、自己、アイデンティティを確立することは難しい。自己、アイデンティティを形成するためにも母国語を意識させることは重要である。

　「保育の国際化に関する調査研究報告書」によると、外国人保育の問題点で多かったものは、保護者と言葉の点で意思疎通が取りにくいという点である。保護者とコミュニケーションをとるために、全体の27.9％が「通訳の援助を受けている」とこたえている。このように通訳を頼むことも考えられるが、日常的に通訳に来てもらうことは難しい。『多文化子育て』（山岡　2007）によると、実際にあった話で、保育者が保護者に、「子どもたちにお米1合（いちごう）持たせてください」と言ったところ、ある多文化な家庭の子どもは、「苺（いちご）」を持ってきた。それ以後は、「お米を1カップ」と言うようにした、とある。この例にもあるように、それぞれの受け入れ施設で、保護者に伝わるように工夫していくことが重要である。保護者は日常会話ができても、園だより等の漢字が多く入ったものは読むことができないことも多い。漢字にはふりがなをつける、写真、イ

ラストを載せる、こまめに声を掛ける等の工夫が必要であろう。

　外国人といっても国は様々であり、様々な言語の対応が求められる。1施設で様々な言語に対応することは難しいので、国、各都道府県、各団体等で様々な言語の通訳を派遣する制度や日本の保育施設の保育について説明するハンドブック作成等の援助がますます求められる。

　「保育の国際化に関する調査研究報告書」によると、外国の子どもたちを保育している保育園に現状、問題点を尋ねると、多くの苦労はあるものの、子どもは国が違ってもみな同じで、すぐに慣れ、言葉も覚える。子どもの保護者には、日本を理解してもらうこと、日本の子育てを理解してもらうことが重要であり、園側もそれぞれの国の子育て事情を理解することが重要であると述べている。

　日本の多文化社会の保育はまだまだ模索中で、アメリカの多文化社会での保育に学ぶべき点も多い。諸外国の取り組みからも学び、日本の多文化社会での保育を作り上げていく必要がある。子どもたちは、大人が考えるより早い時期から民族、文化の違いに気づき始めるので、幼い頃から偏見をもたせない保育が重要である。お互いのアイデンティティを大切にし、お互いを尊重する保育が求められる。子どもたちには、優越感ではなく、誇り、自己肯定のアイデンティティをもたせることも留意したい。

（鯵坂はるよ）

課題1　多文化社会での保育で、重要だと考える点を記して下さい。
課題2　多文化社会の中で、どのような保育者になりたいと思うか、述べて下さい。

参考図書
泉千勢・一見真理子・汐見稔幸編著『世界の幼児教育・保育改革と学力』明石書店 2014
文部科学省『諸外国の初等中等教育』明石書店 2018
ルイーズ・ダーマン・スパークス『ななめから見ない保育』解放出版社 1994

巻 末 資 料

教育基本法 (抜粋)
学校教育法 (抜粋)
学校教育法施行規則 (抜粋)

就学前の子どもに関する教育、保育等の総合的な推進に関する法律 (抜粋)
幼稚園教育要領(抜粋)保育所保育指針(抜粋)

教育基本法 (抜粋)
$$\left(\begin{array}{l}\text{平成18年12月22日}\\\text{法律第120号}\end{array}\right)$$

(家庭教育)
第10条　父母その他の保護者は、子の教育について第一義的責任を有するものであって、生活のために必要な習慣を身に付けさせるととともに、自立心を育成し、心身の調和のとれた発達を図るよう努めるものとする。

(幼児期の教育)
第11条　幼児期の教育は、生涯にわたる人格形成の基礎を培う重要なものであることにかんがみ、国及び地方公共団体は、幼児の健やかな成長に資する良好な環境の整備その他適当な方法によって、その振興に努めなければならない。

(学校、家庭及び地域住民等の相互の連携協力)
第13条　学校、家庭及び地域住民その他の関係者は、教育におけるそれぞれの役割と責任を自覚するとともに、相互の連携及び協力に努めるものとする。

学校教育法 (抜粋)
$$\left(\begin{array}{l}\text{昭和22年3月31日　　法26}\\\text{改定　平成19年6月27日　　法96}\end{array}\right)$$

第3章　幼稚園
(幼稚園の目的)
第22条　幼稚園は、義務教育及びその後の教育の基礎を培うものとして、幼児を保育し、幼児の健やかな成長のために適当な環境を与えて、その心身の発達を助長することを目的とする。

学校教育法施行規則 (抜粋)
$$\left(\begin{array}{l}\text{昭和22年5月23日　文部令11}\\\text{改正　平成28年3月31日　文部令19}\end{array}\right)$$

第3章　幼稚園
(設置基準)
第36条　幼稚園の設備、編成、その他設置に関する事項は、この章に定めるもののほか幼稚園設置基準(昭和31年文部省令32号)の定めるところによる。

幼稚園教育要領 (抜粋)
(平成29年3月公布、平成30年4月施行)

第1章　総則
第1　幼稚園教育の基本
　　幼児期における教育は、生涯にわたる人格形成の基礎を培う重要なものであり、幼稚園教育は、学校教育法第22条に規定する目的を達成するため、幼児期の特性を踏まえ、環境を通して行うものであることを基本とする。
　　このため、教師は幼児との信頼関係を十分に築き、幼児と共によりよい教育環境を創造するように努めるものとする。これらを踏まえ、次に示す事項を重視して教育を行わなければならない。
1．幼児は安定した情緒の下で自己を十分に発揮することにより発達に必要な体験を得ていくものであることを考慮して、幼児の主体的な活動を促し、幼児期にふさわしい生活が展開されるようにすること。
2．幼児の自発的な活動としての遊びは、心身の調和のとれた発達の基礎を培う重要な学習であることを考慮して、遊びを通しての指導を中心として第2章に示すねらいが総合的に達成されるようにすること。
3．幼児の発達は、心身の諸側面が相互に関

連し合い、多様な経過をたどって成し遂げられていくものであること、また、幼児の生活経験がそれぞれ異なることなどを考慮して、幼児一人一人の特性に応じ、発達の課題に即した指導を行うようにすること。

その際、教師は、幼児の主体的な活動が確保されるよう幼児一人一人の行動の理解と予想に基づき、計画的に環境を構成しなければならない。この場合において、教師は、幼児と人やものとのかかわりが重要であることを踏まえ、物的・空間的環境を構成しなければならない。また、教師は、幼児一人一人の活動の場面に応じて、様々な役割を果たし、その活動を豊かにしなければならない。

第2　教育課程の編成

幼稚園は、家庭との連携を図りながら、この章の第1に示す幼稚園教育の基本に基づいて展開される幼稚園生活を通して、生きる力の基礎を育成するよう学校教育法第23条に規定する幼稚園教育の目標の達成に努めなければならない。幼稚園は、このことにより、義務教育及びその後の教育の基礎を培うものとする。

これらを踏まえ、各幼稚園においては、教育基本法及び学校教育法その他の法令並びにこの幼稚園教育要領の示すところに従い、創意工夫を生かし、幼児の心身の発達と幼稚園及び地域の実態に即応した適切な教育課程を編成するものとする。

1. 幼稚園生活の全体を通して第2章に示すねらいが総合的に達成されるよう、教育課程に係る教育期間や幼児の生活経験や発達の過程などを考慮して具体的なねらいと内容を組織しなければならないこと。この場合においては、特に、自我が芽生え、他者の存在を意識し、自己を抑制しようとする気持ちが生まれる幼児期の発達の特性を踏まえ、入園から修了に至るまでの長期的な視野をもって充実した生活が展開できるように配慮しなければならないこと。
2. 幼稚園の毎学年の教育課程に係る教育週数は、特別の事情のある場合を除き、39週を下ってはならないこと。
3. 幼稚園の1日の教育課程に係る教育時間は、4時間を標準とすること。ただし、幼児の心身の発達の程度や季節などに適切に配慮すること。

第3　教育課程に係る教育時間の終了後等に行う教育活動など

幼稚園は、地域の実態や保護者の要請により教育課程に係る教育時間の終了後等に希望する者を対象に行う教育活動について、学校教育法第22条及び第23条並びにこの章の第1に示す幼稚園教育の基本を踏まえ実施すること。また、幼稚園の目的の達成に資するため、幼児の生活全体が豊かなものとなるよう家庭や地域における幼児期の教育の支援に努めること。

第2章　ねらい及び内容

この章に示すねらいは、幼稚園修了までに育つことが期待される生きる力の基礎となる心情、意欲、態度などであり、内容は、ねらいを達成するために指導する事項である。これらを幼児の発達の側面から、心身の健康に関する領域「健康」、人とのかかわりに関する領域「人間関係」、身近な環境とのかかわりに関する領域「環境」、言葉の獲得に関する領域「言葉」及び感性と表現に関する領域「表現」としてまとめ、示したものである。

各領域に示すねらいは、幼稚園における生活の全体を通じ、幼児が様々な体験を積み重ねる中で相互に関連をもちながら次第に達成に向かうものであること、内容は、幼児が環境にかかわって展開する具体的な活動を通して総合的に指導されるものであることに留意しなければならない。

なお、特に必要な場合には、各領域に示すねらいの趣旨に基づいて適切な、具体的な内容を工夫し、それを加えても差し支えないが、その場合には、それが第1章の第1に示す幼稚園教育の基本を逸脱しないよう慎重に配慮する必要がある。

健康

健康な心と体を育て、自ら健康で安全な生活をつくり出す力を養う。

1. ねらい
(1)明るく伸び伸びと行動し、充実感を味わう。
(2)自分の体を十分に動かし、進んで運動しようとする。
(3)健康、安全な生活に必要な習慣や態度を身に付ける。

2. 内容
(1)先生や友達と触れ合い、安定感をもって行動する。

(2)いろいろな遊びの中で十分に体を動かす。

(3)進んで戸外で遊ぶ。

(4)様々な活動に親しみ、楽しんで取り組む。

(5)先生や友達と食べることを楽しむ。

(6)健康な生活のリズムを身に付ける。

(7)身の回りを清潔にし、衣服の着脱、食事、排泄などの生活に必要な活動を自分でする。

(8)幼稚園における生活の仕方を知り、自分たちで生活の場を整えながら見通しをもって行動する。

(9)自分の健康に関心をもち、病気の予防などに必要な活動を進んで行う。

(10)危険な場所、危険な遊び方、災害時などの行動の仕方が分かり、安全に気を付けて行動する。

３．内容の取扱い

上記の取扱いに当たっては、次の事項に留意する必要がある。

(1)心と体の健康は、相互に密接な関連があるものであることを踏まえ、幼児が教師や他の幼児との温かい触れ合いの中で自己の存在感や充実感を味わうことなどを基盤として、しなやかな心と体の発達を促すこと。特に、十分に体を動かす気持ちよさを体験し、自ら体を動かそうとする意欲が育つようにすること。

(2)様々な遊びの中で、幼児が興味や関心、能力に応じて全身を使って活動することにより、体を動かす楽しさを味わい、安全についての構えを身に付け、自分の体を大切にしようとする気持ちが育つようにすること。

(3)自然の中で伸び伸びと体を動かして遊ぶことにより、体の諸機能の発達が促されることに留意し、幼児の興味や関心が戸外にも向くようにすること。その際、幼児の動線に配慮した園庭や遊具の配置などを工夫すること。

(4)健康な心と体を育てるためには食育を通じた望ましい食習慣の形成が大切であることを踏まえ、幼児の食生活の実情に配慮し、和やかな雰囲気の中で教師や他の幼児と食べる喜びや楽しさを味わったり、様々な食べ物への興味や関心をもったりするなどし、進んで食べようとする気持ちが育つようにすること。

(5)基本的な生活習慣の形成に当たっては、家庭での生活経験に配慮し、幼児の自立心を育て、幼児が他の幼児とかかわりながら主体的な活動を展開する中で、生活に必要な習慣を身に付けるようにすること。

人間関係

他の人々と親しみ、支え合って生活するために、自立心を育て、人とかかわる力を養う。

１．ねらい

(1)幼稚園生活を楽しみ、自分の力で行動することの充実感を味わう。

(2)身近な人と親しみ、かかわりを深め、愛情や信頼感をもつ。

(3)社会生活における望ましい習慣や態度を身に付ける。

２．内容

(1)先生や友達と共に過ごすことの喜びを味わう。

(2)自分で考え、自分で行動する。

(3)自分でできることは自分でする。

(4)いろいろな遊びを楽しみながら物事をやり遂げようとする気持ちをもつ。

(5)友達と積極的にかかわりながら喜びや悲しみを共感し合う。

(6)自分の思ったことを相手に伝え、相手の思っていることに気付く。

(7)友達のよさに気付き、一緒に活動する楽しさを味わう。

(8)友達と楽しく活動する中で、共通の目的を見いだし、工夫したり、協力したりなどする。

(9)よいことや悪いことがあることに気付き、考えながら行動する。

(10)友達とのかかわりを深め、思いやりをもつ。

(11)友達と楽しく生活する中できまりの大切さに気付き、守ろうとする。

(12)共同の遊具や用具を大切にし、みんなで使う。

(13)高齢者をはじめ地域の人々などの自分の生活に関係の深いいろいろな人に親しみをもつ。

３．内容の取扱い

上記の取扱いに当たっては、次の事項に留意する必要がある。

(1)教師との信頼関係に支えられて自分自身の生活を確立していくことが人とかかわる基盤となることを考慮し、幼児が自ら周囲に働き掛けることにより多様な感情を体験し、試行錯誤しながら自分の力で行うことの充実感を味わうことができるよう、幼児の行動を見守りながら適切な援助を行うようにすること。

(2)幼児の主体的な活動は、他の幼児とのかかわりの中で深まり、豊かになるものであり、幼児はその中で互いに必要な存在であることを認識するようになることを踏まえ、一人一人を生かした集団を形成しながら人とかかわる力を育てていくようにすること。特に、集団の生活の中で、幼児が自己を発揮し、教師や他の幼児に認められる体験をし、自信をもって行動できるようにすること。

(3)幼児が互いにかかわりを深め、協同して遊ぶようになるため、自ら行動する力を育てるようにするとともに、他の幼児と試行錯誤しながら活動を展開する楽しさや共通の目的が実現する喜びを味わうことができるようにすること。

(4)道徳性の芽生えを培うに当たっては、基本的な生活習慣の形成を図るとともに、幼児が他の幼児とのかかわりの中で他人の存在に気付き、相手を尊重する気持ちをもって行動できるようにし、また、自然や身近な動植物に親しむことなどを通して豊かな心情が育つようにすること。特に、人に対する信頼感や思いやりの気持ちは、葛藤やつまずきをも体験し、それらを乗り越えることにより次第に芽生えてくることに配慮すること。

(5)集団の生活を通して、幼児が人とのかかわりを深め、規範意識の芽生えが培われることを考慮し、幼児が教師との信頼関係に支えられて自己を発揮する中で、互いに思いを主張し、折り合いを付ける体験をし、きまりの必要性などに気付き、自分の気持ちを調整する力が育つようにすること。

(6)高齢者をはじめ地域の人々などの自分の生活に関係の深いいろいろな人と触れ合い、自分の感情や意志を表現しながら共に楽しみ、共感し合う体験を通して、これらの人々などに親しみをもち、人とかかわることの楽しさや人の役に立つ喜びを味わうことができるようにすること。また、生活を通して親や祖父母などの家族の愛情に気付き、家族を大切にしようとする気持ちが育つようにすること。

環境

周囲の様々な環境に好奇心や探究心をもってかかわり、それらを生活に取り入れていこうとする力を養う。

1．ねらい

(1)身近な環境に親しみ、自然と触れ合う中で様々な事象に興味や関心をもつ。

(2)身近な環境に自分からかかわり、発見を楽しんだり、考えたりし、それを生活に取り入れようとする。

(3)身近な事象を見たり、考えたり、扱ったりする中で、物の性質や数量、文字などに対する感覚を豊かにする。

2．内容

(1)自然に触れて生活し、その大きさ、美しさ、不思議さなどに気付く。

(2)生活の中で、様々な物に触れ、その性質や仕組みに興味や関心をもつ。

(3)季節により自然や人間の生活に変化のあることに気付く。

(4)自然などの身近な事象に関心をもち、取り入れて遊ぶ。

(5)身近な動植物に親しみをもって接し、生命の尊さに気付き、いたわったり、大切にしたりする。

(6)身近な物を大切にする。

(7)身近な物や遊具に興味をもってかかわり、考えたり、試したりして工夫して遊ぶ。

(8)日常生活の中で数量や図形などに関心をもつ。

(9)日常生活の中で簡単な標識や文字などに関心をもつ。

(10)生活に関係の深い情報や施設などに興味や関心をもつ。

(11)幼稚園内外の行事において国旗に親しむ。

3．内容の取扱い

上記の取扱いに当たっては、次の事項に留意する必要がある。

(1)幼児が、遊びの中で周囲の環境とかかわり、次第に周囲の世界に好奇心を抱き、その意味や操作の仕方に関心をもち、物事の法則性に気付き、自分なりに考えることができるようになる過程を大切にすること。特に、他の幼児の考えなどに触れ、新しい考えを生み出す喜びや楽しさを味わい、自ら考えようとする気持ちが育つようにすること。

(2)幼児期において自然のもつ意味は大きく、自然の大きさ、美しさ、不思議さなどに直接触れる体験を通して、幼児の心が安らぎ、豊かな感情、好奇心、思考力、表現力の基礎が培われることを踏まえ、幼児が自然とのかかわりを深めることができるよう工夫すること。

(3)身近な事象や動植物に対する感動を伝え合い、共感し合うことなどを通して自分からかかわろうとする意欲を育てるとともに、

様々なかかわり方を通してそれらに対する親しみや畏敬の念、生命を大切にする気持ち、公共心、探究心などが養われるようにすること。

(4)数量や文字などに関しては、日常生活の中で幼児自身の必要感に基づく体験を大切にし、数量や文字などに関する興味や関心、感覚が養われるようにすること。

言葉

経験したことや考えたことなどを自分なりの言葉で表現し、相手の話す言葉を聞こうとする意欲や態度を育て、言葉に対する感覚や言葉で表現する力を養う。

1．ねらい

(1)自分の気持ちを言葉で表現する楽しさを味わう。

(2)人の言葉や話などをよく聞き、自分の経験したことや考えたことを話し、伝え合う喜びを味わう。

(3)日常生活に必要な言葉が分かるようになるとともに、絵本や物語などに親しみ、先生や友達と心を通わせる。

2．内容

(1)先生や友達の言葉や話に興味や関心をもち、親しみをもって聞いたり、話したりする。

(2)したり、見たり、聞いたり、感じたり、考えたりなどしたことを自分なりに言葉で表現する。

(3)したいこと、してほしいことを言葉で表現したり、分からないことを尋ねたりする。

(4)人の話を注意して聞き、相手に分かるように話す。

(5)生活の中で必要な言葉が分かり、使う。

(6)親しみをもって日常のあいさつをする。

(7)生活の中で言葉の楽しさや美しさに気付く。

(8)いろいろな体験を通じてイメージや言葉を豊かにする。

(9)絵本や物語などに親しみ、興味をもって聞き、想像をする楽しさを味わう。

(10)日常生活の中で、文字などで伝える楽しさを味わう。

3．内容の取扱い

上記の取扱いに当たっては、次の事項に留意する必要がある。

(1)言葉は、身近な人に親しみをもって接し、自分の感情や意志などを伝え、それに相手が応答し、その言葉を聞くことを通して次第に獲得されていくものであることを考慮

して、幼児が教師や他の幼児とかかわることにより心を動かすような体験をし、言葉を交わす喜びを味わえるようにすること。

(2)幼児が自分の思いを言葉で伝えるとともに、教師や他の幼児などの話を興味をもって注意して聞くことを通して次第に話を理解するようになっていき、言葉による伝え合いができるようにすること。

(3)絵本や物語などで、その内容と自分の経験とを結び付けたり、想像を巡らせたりするなど、楽しみを十分に味わうことによって、次第に豊かなイメージをもち、言葉に対する感覚が養われるようにすること。

(4)幼児が日常生活の中で、文字などを使いながら思ったことや考えたことを伝える喜びや楽しさを味わい、文字に対する興味や関心をもつようにすること。

表現

感じたことや考えたことを自分なりに表現することを通して、豊かな感性や表現する力を養い、創造性を豊かにする。

1．ねらい

(1)いろいろなものの美しさなどに対する豊かな感性をもつ。

(2)感じたことや考えたことを自分なりに表現して楽しむ。

(3)生活の中でイメージを豊かにし、様々な表現を楽しむ。

2．内容

(1)生活の中で様々な音、色、形、手触り、動きなどに気付いたり、感じたりするなどして楽しむ。

(2)生活の中で美しいものや心を動かす出来事に触れ、イメージを豊かにする。

(3)様々な出来事の中で、感動したことを伝え合う楽しさを味わう。

(4)感じたこと、考えたことなどを音や動きなどで表現したり、自由にかいたり、つくったりなどする。

(5)いろいろな素材に親しみ、工夫して遊ぶ。

(6)音楽に親しみ、歌を歌ったり、簡単なリズム楽器を使ったりなどする楽しさを味わう。

(7)かいたり、つくったりすることを楽しみ、遊びに使ったり、飾ったりなどする。

(8)自分のイメージを動きや言葉などで表現したり、演じて遊んだりするなどの楽しさを味わう。

3．内容の取扱い

上記の取扱いに当たっては、次の事項に留意する必要がある。

(1)豊かな感性は、自然などの身近な環境と十分にかかわる中で美しいもの、優れたもの、心を動かす出来事などに出会い、そこから得た感動を他の幼児や教師と共有し、様々に表現することなどを通して養われるようにすること。

(2)幼児の自己表現は素朴な形で行われることが多いので、教師はそのような表現を受容し、幼児自身の表現しようとする意欲を受け止めて、幼児が生活の中で幼児らしい様々な表現を楽しむことができるようにすること。

(3)生活経験や発達に応じ、自ら様々な表現を楽しみ、表現する意欲を十分に発揮させることができるように、遊具や用具などを整えたり、他の幼児の表現に触れられるよう配慮したりし、表現する過程を大切にして自己表現を楽しめるように工夫すること。

保育所保育指針（抜粋）

（平成29年3月公布、平成30年4月施行）

第1章 総則

この指針は、児童福祉施設の設備及び運営に関する基準（昭和23年厚生省令第63号。以下「設備運 営基準」という。）第35条の規定に基づき、保育所における保育の内容に関する事項及びこれに関連する運営に関する事項を定めるものである。各保育所は、この指針において規定される保育の内容に係る基本原則に関する事項等を踏まえ、各保育所の実情に応じて創意工夫を図り、保育所の機能及び 質の向上に努めなければならない。

1 保育所保育に関する基本原則

(1)保育所の役割

ア 保育所は、児童福祉法（昭和22年法律第164号）第39条の規定に基づき、保育を必要とする子どもの保育を行い、その健全な心身の発達を図ることを目的とする児童福祉施設であり、入所する子どもの最善の利益を考慮し、その福祉を積極的に増進することに最もふさわしい生活 の場でなければならない。

イ 保育所は、その目的を達成するために、保育に関する専門性を有する職員が、家庭との緊密な連携の下に、子どもの状況や発達過程を踏まえ、保育所における環境を通して、養護及び教育を一体的に行うことを特性としている。

ウ 保育所は、入所する子どもを保育するとともに、家庭や地域の様々な社会資源との連携を図りながら、入所する子どもの保護者に対する支援及び地域の子育て家庭に対する支援等を行う役割を担うものである。

エ 保育所における保育士は、児童福祉法第18条の4の規定を踏まえ、保育所の役割及び機能が適切に発揮されるように、倫理観に裏付けられた専門的知識、技術及び判断をもって、子どもを保育するとともに、子どもの保護者に対する保育に関する指導を行うものであり、その職責を遂行するための専門性の向上に絶えず努めなければならない。

(2)保育の目標

ア 保育所は、子どもが生涯にわたる人間形成にとって極めて重要な時期に、その生活時間の大半を過ごす場である。このため、保育所の保育は、子どもが現在を最も良く生き、望ましい未来をつくり出す力の基礎を培うために、次の目標を目指して行わなければならない。

(ア)十分に養護の行き届いた環境の下に、くつろいだ雰囲気の中で子どもの様々な欲求を満たし、生命の保持及び情緒の安定を図ること。

(イ)健康、安全など生活に必要な基本的な習慣や態度を養い、心身の健康の基礎を培うこと。

(ウ)人との関わりの中で、人に対する愛情と信頼感、そして人権を大切にする心を育てるとともに、自主、自立及び協調の態度を養い、道徳性の芽生えを培うこと。

(エ)生命、自然及び社会の事象についての興味や関心を育て、それらに対する豊かな心情や思考力の芽生えを培うこと。

(オ)生活の中で、言葉への興味や関心を育て、話したり、聞いたり、相手の話を理解しようとするなど、言葉の豊かさを養うこと。

(カ)様々な体験を通して、豊かな感性や表現力を育み、創造性の芽生えを培うこと。

イ 保育所は、入所する子どもの保護者に対し、その意向を受け止め、子どもと保護者の安定した関係に配慮し、保育所の特性や保育士等の専門性を生かして、その援助に

当たらなければならない。
(3) 保育の方法
保育の目標を達成するために、保育士等は、次の事項に留意して保育しなければならない。
ア 一人一人の子どもの状況や家庭及び地域社会での生活の実態を把握するとともに、子どもが安心感と信頼感をもって活動できるよう、子どもの主体としての思いや願いを受け止めること。
イ 子どもの生活のリズムを大切にし、健康、安全で情緒の安定した生活ができる環境や、自己を十分に発揮できる環境を整えること。
ウ 子どもの発達について理解し、一人一人の発達過程に応じて保育すること。その際、子どもの個人差に十分配慮すること。
エ 子ども相互の関係づくりや互いに尊重する心を大切にし、集団における活動を効果あるものにするよう援助すること。
オ 子どもが自発的・意欲的に関われるような環境を構成し、子どもの主体的な活動や子ども相互の関わりを大切にすること。特に、乳幼児期にふさわしい体験が得られるように、生活や遊びを通して総合的に保育すること。
カ 一人一人の保護者の状況やその意向を理解、受容し、それぞれの親子関係や家庭生活等に配慮しながら、様々な機会をとらえ、適切に援助すること。
(4) 保育の環境
保育の環境には、保育士等や子どもなどの人的環境、施設や遊具などの物的環境、更には自然や社会の事象などがある。保育所は、こうした人、物、場などの環境が相互に関連し合い、子どもの生活が豊かなものとなるよう、次の事項に留意しつつ、計画的に環境を構成し、工夫して保育しなければならない。
ア 子ども自らが環境に関わり、自発的に活動し、様々な経験を積んでいくことができるよう配慮すること。
イ 子どもの活動が豊かに展開されるよう、保育所の設備や環境を整え、保育所の保健的環境や安全の確保などに努めること。
ウ 保育室は、温かな親しみとくつろぎの場となるとともに、生き生きと活動できる場となるように配慮すること。
エ 子どもが人と関わる力を育てていくため、子ども自らが周囲の子どもや大人と関わっ

ていくことができる環境を整えること。
(5) 保育所の社会的責任
ア 保育所は、子どもの人権に十分配慮するとともに、子ども一人一人の人格を尊重して保育を行わなければならない。
イ 保育所は、地域社会との交流や連携を図り、保護者や地域社会に、当該保育所が行う保育の内容を適切に説明するよう努めなければならない。
ウ 保育所は、入所する子ども等の個人情報を適切に取り扱うとともに、保護者の苦情などに対し、その解決を図るよう努めなければならない。

2 養護に関する基本的事項
(1) 養護の理念
保育における養護とは、子どもの生命の保持及び情緒の安定を図るために保育士等が行う援助や関わりであり、保育所における保育は、養護及び教育を一体的に行うことをその特性とするものである。保育所における保育全体を通じて、養護に関するねらい及び内容を踏まえた保育が展開されなければならない。
(2) 養護に関わるねらい及び内容
ア 生命の保持
(ア) ねらい
① 一人一人の子どもが、快適に生活できるようにする。
② 一人一人の子どもが、健康で安全に過ごせるようにする。
③ 一人一人の子どもの生理的欲求が、十分に満たされるようにする。
④ 一人一人の子どもの健康増進が、積極的に図られるようにする。
(イ) 内容
① 一人一人の子どもの平常の健康状態や発育及び発達状態を的確に把握し、異常を感じる場合は、速やかに適切に対応する。
② 家庭との連携を密にし、嘱託医等との連携を図りながら、子どもの疾病や事故防止に関する認識を深め、保健的で安全な保育環境の維持及び向上に努める。
③ 清潔で安全な環境を整え、適切な援助や応答的な関わりを通して子どもの生理的欲求を満たしていく。また、家庭と協力しながら、子どもの発達過程等に応じた適切な生活のリズムがつくられていくようにする。
④ 子どもの発達過程等に応じて、適度な運

動と休息を取ることができるようにする。また、食事、排泄、衣類の着脱、身の回りを清潔にすることなどについて、子どもが意欲的に生活できるよう適切に援助する。

イ　情緒の安定

(ア)ねらい

①一人一人の子どもが、安定感をもって過ごせるようにする。

②一人一人の子どもが、自分の気持ちを安心して表すことができるようにする。

③一人一人の子どもが、周囲から主体として受け止められ、主体として育ち、自分を肯定する気持ちが育まれていくようにする。

④一人一人の子どもがくつろいで共に過ごし、心身の疲れが癒されるようにする。

(イ)内容

①一人一人の子どもの置かれている状態や発達過程などを的確に把握し、子どもの欲求を適切に満たしながら、応答的な触れ合いや言葉がけを行う。

②一人一人の子どもの気持ちを受容し、共感しながら、子どもとの継続的な信頼関係を築いていく。

③保育士等との信頼関係を基盤に、一人一人の子どもが主体的に活動し、自発性や探索意欲などを高めるとともに、自分への自信をもつことができる成長の過程を見守り、適切に働きかける。

④一人一人の子どもの生活のリズム、発達過程、保育時間などに応じて、活動内容のバランスや調和を図りながら、適切な食事や休息が取れるようにする。

第2章　保育の内容

この章に示す「ねらい」は、第1章の1の(2)に示された保育の目標をより具体化したものであり、子どもが保育所において、安定した生活を送り、充実した活動ができるように、保育を通じて育みたい資質・能力を、子どもの生活する姿から捉えたものである。また、「内容」は、「ねらい」を達成するために、子どもの生活やその状況に応じて保育士等が適切に行う事項と、保育士等が援助して子どもが環境に関わって経験する事項を示したものである。保育における「養護」とは、子どもの生命の保持及び情緒の安定を図るために保育士等が行う援助や関わりであり、「教育」とは、子ど

もが健やかに成長し、その活動がより豊かに展開されるための発達の援助である。本章では、保育士等が、「ねらい」及び「内容」を具体的に把握するため、主に教育に関わる側面からの視点を示しているが、実際の保育においては、養護と教育が一体となって展開されることに留意する必要がある。

1　乳児保育に関わるねらい及び内容

(1) 基本的事項

ア　乳児期の発達については、視覚、聴覚などの感覚や、座る、はう、歩くなどの運動機能が著しく発達し、特定の大人との応答的な関わりを通じて、情緒的な絆が形成されるといった特徴がある。これらの発達の特徴を踏まえて、乳児保育は、愛情豊かに、応答的に行われることが特に必要である。

イ　本項においては、この時期の発達の特徴を踏まえ、乳児保育の「ねらい」及び「内容」については、身体的発達に関する視点「健やかに伸び伸びと育つ」、社会的発達に関する視点「身近な人と気持ちが通じ合う」及び精神的発達に関する視点「身近なものと関わり感性が育つ」としてまとめ、示している。

ウ　本項の各視点において示す保育の内容は、第1章の2に示された養護における「生命の保持」及び「情緒の安定」に関わる保育の内容と、一体となって展開されるものであることに留意が必要である。

(2)ねらい及び内容

ア　健やかに伸び伸びと育つ健康な心と体を育て、自ら健康で安全な生活をつくり出す力の基盤を培う。

(ア)ねらい

①身体感覚が育ち、快適な環境に心地よさを感じる。

②伸び伸びと体を動かし、はう、歩くなどの運動をしようとする。

③食事、睡眠等の生活のリズムの感覚が芽生える。

(イ)内容

①保育士等の愛情豊かな受容の下で、生理的・心理的欲求を満たし、心地よく生活をする。

②一人一人の発育に応じて、はう、立つ、歩くなど、十分に体を動かす。

③個人差に応じて授乳を行い、離乳を進めていく中で、様々な食品に少しずつ慣れ、食べることを楽しむ。

④一人一人の生活のリズムに応じて、安全な環境の下で十分に午睡をする。

⑤おむつ交換や衣服の着脱などを通じて、清潔になることの心地よさを感じる。

㈦内容の取扱い

上記の取扱いに当たっては、次の事項に留意する必要がある。

①心と体の健康は、相互に密接な関連があるものであることを踏まえ、温かい触れ合いの中で、心と体の発達を促すこと。特に、寝返り、お座り、はいはい、つかまり立ち、伝い歩きなど、発育に応じて、遊びの中で体を動かす機会を十分に確保し、自ら体を動かそうとする意欲が育つようにすること。

②健康な心と体を育てるためには望ましい食習慣の形成が重要であることを踏まえ、離乳食が完了期へと徐々に移行する中で、様々な食品に慣れるようにするとともに、和やかな雰囲気の中で食べる喜びや楽しさを味わい、進んで食べようとする気持ちが育つようにすること。なお、食物アレルギーのある子どもへの対応については、嘱託医等の指示や協力の下に適切に対応すること。

イ 身近な人と気持ちが通じ合う 受容的・応答的な関わりの下で、何かを伝えようとする意欲や身近な大人との信頼関係を育て、人と関わる力の基盤を培う。

㈠ねらい

①安心できる関係の下で、身近な人と共に過ごす喜びを感じる。

②体の動きや表情、発声等により、保育士等と気持ちを通わせようとする。

③身近な人と親しみ、関わりを深め、愛情や信頼感が芽生える。

㈡内容

①子どもからの働きかけを踏まえた、応答的な触れ合いや言葉がけによって、欲求が満たされ、安定感をもって過ごす。

②体の動きや表情、発声、喃語等を優しく受け止めてもらい、保育士等とのやり取りを楽しむ。

③生活や遊びの中で、自分の身近な人の存在に気付き、親しみの気持ちを表す。

④保育士等による語りかけや歌いかけ、発声や 喃 語等への応答を通じて、言葉の理解や発語の意欲が育つ。

⑤温かく、受容的な関わりを通じて、自分を肯定する気持ちが芽生える。

㈦内容の取扱い

上記の取扱いに当たっては、次の事項に留意する必要がある。

①保育士等との信頼関係に支えられて生活を確立していくことが人と関わる基盤となることを考慮して、子どもの多様な感情を受け止め、温かく受容的・応答的に関わり、一人一人に応じた適切な援助を行うようにすること。

②身近な人に親しみをもって接し、自分の感情などを表し、それに相手が応答する言葉を聞くことを通して、次第に言葉が獲得されていくことを考慮して、楽しい雰囲気の中での保育士等との関わり合いを大切にし、ゆっくりと優しく話しかけるなど、積極的に言葉のやり取りを楽しむことができるようにすること。

ウ 身近なものと関わり感性が育つ身近な環境に興味や好奇心をもって関わり、感じたことや考えたことを表現する力の基盤を培う。

㈠ねらい

①身の回りのものに親しみ、様々なものに興味や関心をもつ。

②見る、触れる、探索するなど、身近な環境に自分から関わろうとする。

③身体の諸感覚による認識が豊かになり、表情や手足、体の動き等で表現する。

㈡内容

①身近な生活用具、玩具や絵本などが用意された中で、身の回りのものに対する興味や好奇心をもつ。

②生活や遊びの中で様々なものに触れ、音、形、色、手触りなどに気付き、感覚の働きを豊かにする。

③保育士等と一緒に様々な色彩や形のものや絵本などを見る。

④玩具や身の回りのものを、つまむ、つかむ、たたく、引っ張るなど、手や指を使って遊ぶ。

⑤保育士等のあやし遊びに機嫌よく応じたり、歌やリズムに合わせて手足や体を動かして楽しんだりする。

㈦内容の取扱い

上記の取扱いに当たっては、次の事項に留意する必要がある。

①玩具などは、音質、形、色、大きさなど子どもの発達状態に応じて適切なものを選び、その時々の子どもの興味や関心を踏まえるなど、遊びを通して感覚の発達が促されるものとなるように工夫するこ

と。なお、安全な環境の下で、子どもが探索意欲を満たして自由に遊べるよう、身の回りのものについては、常に十分な点検を行うこと。

②乳児期においては、表情、発声、体の動きなどで、感情を表現することが多いことから、これらの表現しようとする意欲を積極的に受け止めて、子どもが様々な活動を楽しむことを通して表現が豊かになるようにすること。

(3)保育の実施に関わる配慮事項

ア 乳児は疾病への抵抗力が弱く、心身の機能の未熟さに伴う疾病の発生が多いことから、一人一人の発育及び発達状態や健康状態についての適切な判断に基づく保健的な対応を行うこと。

イ 一人一人の子どもの生育歴の違いに留意しつつ、欲求を適切に満たし、特定の保育士が応答的に関わるように努めること。

ウ 乳児保育に関わる職員間の連携や嘱託医との連携を図り、第3章に示す事項を踏まえ、適切に対応すること。栄養士及び看護師等が配置されている場合は、その専門性を生かした対応を図ること。

エ 保護者との信頼関係を築きながら保育を進めるとともに、保護者からの相談に応じ、保護者への支援に努めていくこと。

オ 担当の保育士が替わる場合には、子どものそれまでの生育歴や発達過程に留意し、職員間で協力して対応すること。

2 1歳以上3歳未満児の保育に関わるねらい及び内容

(1)基本的事項

ア この時期においては、歩き始めから、歩く、走る、跳ぶなどへと、基本的な運動機能が次第に発達し、排泄の自立のための身体的機能も整うようになる。つまむ、めくるなどの指先の機能も発達し、食事、衣類の着脱なども、保育士等の援助の下で自分で行うようになる。発声も明瞭になり、語彙も増加し、自分の意思や欲求を言葉で表出できるようになる。このように自分でできることが増えてくる時期であることから、保育士等は、子どもの生活の安定を図りながら、自分でしようとする気持ちを尊重し、温かく見守るとともに、愛情豊かに、応答的に関わることが必要である。

イ 本項においては、この時期の発達の特徴を踏まえ、保育の「ねらい」及び「内容」

について、心身の健康に関する領域「健康」、人との関わりに関する領域「人間関係」、身近な環境との関わりに関する領域「環境」、言葉の獲得に関する領域「言葉」及び感性と表現に関する領域「表現」としてまとめ、示している。

ウ 本項の各領域において示す保育の内容は、第1章の2に示された養護における「生命の保持」及び「情緒の安定」に関わる保育の内容と、一体となって展開されるものであることに留意が必要である。

(2)ねらい及び内容

ア 健康

健康な心と体を育て、自ら健康で安全な生活をつくり出す力を養う。

(ア)ねらい

①明るく伸び伸びと生活し、自分から体を動かすことを楽しむ。

②自分の体を十分に動かし、様々な動きをしようとする。

③健康、安全な生活に必要な習慣に気付き、自分でしてみようとする気持ちが育つ。

(イ)内容

①保育士等の愛情豊かな受容の下で、安定感をもって生活をする。

②食事や午睡、遊びと休息など、保育所における生活のリズムが形成される。

③走る、跳ぶ、登る、押す、引っ張るなど全身を使う遊びを楽しむ。

④様々な食品や調理形態に慣れ、ゆったりとした雰囲気の中で食事や間食を楽しむ。

⑤身の回りを清潔に保つ心地よさを感じ、その習慣が少しずつ身に付く。

⑥保育士等の助けを借りながら、衣類の着脱を自分でしようとする。

⑦便器での排泄に慣れ、自分で排泄ができるようになる。

(ウ)内容の取扱い

上記の取扱いに当たっては、次の事項に留意する必要がある。

①心と体の健康は、相互に密接な関連があるものであることを踏まえ、子どもの気持ちに配慮した温かい触れ合いの中で、心と体の発達を促すこと。特に、一人一人の発育に応じて、体を動かす機会を十分に確保し、自ら体を動かそうとする意欲が育つようにすること。

②健康な心と体を育てるためには望ましい食習慣の形成が重要であることを踏まえ、ゆったりとした雰囲気の中で食べる喜び

や楽しさを味わい、進んで食べようとする気持ちが育つようにすること。なお、食物アレルギーのある子どもへの対応については、嘱託医等の指示や協力の下に適切に対応すること。

③排泄の習慣については、一人一人の排尿間隔等を踏まえ、おむつが汚れていないときに便器に座らせることにより、少しずつ慣れさせるようにすること。

④食事、排泄、睡眠、衣類の着脱、身の回りを清潔にすることなど、生活に必要な基本的な習慣については、一人一人の状態に応じ、落ち着いた雰囲気の中で行うようにし、子どもが自分でしようとする気持ちを尊重すること。また、基本的な生活習慣の形成に当たっては、家庭での生活経験に配慮し、家庭との適切な連携の下で行うようにすること。

イ　人間関係

他の人々と親しみ、支え合って生活するために、自立心を育て、人と関わる力を養う。

(ア)ねらい

①保育所での生活を楽しみ、身近な人と関わる心地よさを感じる。

②周囲の子ども等への興味や関心が高まり、関わりをもとうとする。

③保育所の生活の仕方に慣れ、きまりの大切さに気付く。

(イ)内容

①保育士等や周囲の子ども等との安定した関係の中で、共に過ごす心地よさを感じる。

②保育士等の受容的・応答的な関わりの中で、欲求を適切に満たし、安定感をもって過ごす。

③身の回りに様々な人がいることに気付き、徐々に他の子どもと関わりをもって遊ぶ。

④保育士等の仲立ちにより、他の子どもとの関わり方を少しずつ身につける。

⑤保育所の生活の仕方に慣れ、きまりがあることや、その大切さに気付く。

⑥生活や遊びの中で、年長児や保育士等の真似をしたり、ごっこ遊びを楽しんだりする。

(ウ)内容の取扱い

上記の取扱いに当たっては、次の事項に留意する必要がある。

①保育士等との信頼関係に支えられて生活を確立するとともに、自分で何かをしようとする気持ちが旺盛になる時期であることに鑑み、そのような子どもの気持ちを尊重し、温かく見守るとともに、愛情豊かに、応答的に関わり、適切な援助を行うようにすること。

②思い通りにいかない場合等の子どもの不安定な感情の表出については、保育士等が受容的に受け止めるとともに、そうした気持ちから立ち直る経験や感情をコントロールすることへの気付き等につなげていけるように援助すること。

③この時期は自己と他者との違いの認識がまだ十分ではないことから、子どもの自我の育ちを見守るとともに、保育士等が仲立ちとなって、自分の気持ちを相手に伝えることや相手の気持ちに気付くことの大切さなど、友達の気持ちや友達との関わり方を丁寧に伝えていくこと。

ウ　環境

周囲の様々な環境に好奇心や探究心をもって関わり、それらを生活に取り入れていこうとする力を養う。

(ア)ねらい

①身近な環境に親しみ、触れ合う中で、様々なものに興味や関心をもつ。

②様々なものに関わる中で、発見を楽しんだり、考えたりしようとする。

③見る、聞く、触るなどの経験を通して、感覚の働きを豊かにする。

(イ)内容

①安全で活動しやすい環境での探索活動等を通して、見る、聞く、触れる、嗅ぐ、味わうなどの感覚の働きを豊かにする。

②玩具、絵本、遊具などに興味をもち、それらを使った遊びを楽しむ。

③身の回りの物に触れる中で、形、色、大きさ、量などの物の性質や仕組みに気付く。

④自分の物と人の物の区別や、場所的感覚など、環境を捉える感覚が育つ。

⑤身近な生き物に気付き、親しみをもつ。

⑥近隣の生活や季節の行事などに興味や関心をもつ。

(ウ)内容の取扱い

上記の取扱いに当たっては、次の事項に留意する必要がある。

①玩具などは、音質、形、色、大きさなど子どもの発達状態に応じて適切なものを選び、遊びを通して感覚の発達が促されるように工夫すること。

②身近な生き物との関わりについては、子どもが命を感じ、生命の尊さに気付く経験へとつながるものであることから、そうした気付きを促すような関わりとなるようにすること。

③地域の生活や季節の行事などに触れる際には、社会とのつながりや地域社会の文化への気付きにつながるものとなることが望ましいこと。その際、保育所内外の行事や地域の人々との触れ合いなどを通して行うこと等も考慮すること。

エ　言葉

経験したことや考えたことなどを自分なりの言葉で表現し、相手の話す言葉を聞こうとする意欲や態度を育て、言葉に対する感覚や言葉で表現する力を養う。

㋐ねらい

①言葉遊びや言葉で表現する楽しさを感じる。

②人の言葉や話などを聞き、自分でも思ったことを伝えようとする。

③絵本や物語等に親しむとともに、言葉のやり取りを通じて身近な人と気持ちを通わせる。

㋑内容

①保育士等の応答的な関わりや話しかけにより、自ら言葉を使おうとする。

②生活に必要な簡単な言葉に気付き、聞き分ける。

③親しみをもって日常の挨拶に応じる。

④絵本や紙芝居を楽しみ、簡単な言葉を繰り返したり、模倣をしたりして遊ぶ。

⑤保育士等とごっこ遊びをする中で、言葉のやり取りを楽しむ。

⑥保育士等を仲立ちとして、生活や遊びの中で友達との言葉のやり取りを楽しむ。

⑦保育士等や友達の言葉や話に興味や関心をもって、聞いたり、話したりする。

㋒内容の取扱い

上記の取扱いに当たっては、次の事項に留意する必要がある。

①身近な人に親しみをもって接し、自分の感情などを伝え、それに相手が応答し、その言葉を聞くことを通して、次第に言葉が獲得されていくものであることを考慮して、楽しい雰囲気の中で保育士等との言葉のやり取りができるようにすること。

②子どもが自分の思いを言葉で伝えるとともに、他の子どもの話などを聞くことを通して、次第に話を理解し、言葉による伝え合いができるようになるよう、気持ちや経験等の言語化を行うことを援助するなど、子ども同士の関わりの仲立ちを行うようにすること。

③この時期は、片言から、二語文、ごっこ遊びでのやり取りができる程度へと、大きく言葉の習得が進む時期であることから、それぞれの子どもの発達の状況に応じて、遊びや関わりの工夫など、保育の内容を適切に展開することが必要であること。

オ　表現

感じたことや考えたことを自分なりに表現することを通して、豊かな感性や表現する力を養い、創造性を豊かにする。

㋐ねらい

①身体の諸感覚の経験を豊かにし、様々な感覚を味わう。

②感じたことや考えたことなどを自分なりに表現しようとする。

③生活や遊びの様々な体験を通して、イメージや感性が豊かになる。

㋑内容

①水、砂、土、紙、粘土など様々な素材に触れて楽しむ。

②音楽、リズムやそれに合わせた体の動きを楽しむ。

③生活の中で様々な音、形、色、手触り、動き、味、香りなどに気付いたり、感じたりして楽しむ。

④歌を歌ったり、簡単な手遊びや全身を使う遊びを楽しんだりする。

⑤保育士等からの話や、生活や遊びの中での出来事を通して、イメージを豊かにする。

⑥生活や遊びの中で、興味のあることや経験したことなどを自分なりに表現する。

㋒内容の取扱い

上記の取扱いに当たっては、次の事項に留意する必要がある。

①子どもの表現は、遊びや生活の様々な場面で表出されているものであることから、それらを積極的に受け止め、様々な表現の仕方や感性を豊かにする経験となるようにすること。

②子どもが試行錯誤しながら様々な表現を楽しむことや、自分の力でやり遂げる充実感などに気付くよう、温かく見守るとともに、適切に援助を行うようにするこ

と。

③様々な感情の表現等を通じて、子どもが自
分の感情や気持ちに気付くようになる時期
であることに鑑み、受容的な関わりの中で
自信をもって表現をすることや、諦めずに
続けた後の達成感等を感じられるような経
験が蓄積されるようにすること。

④身近な自然や身の回りの事物に関わる中
で、発見や心が動く経験が得られるよう、
諸感覚を働かせることを楽しむ遊びや素
材を用意するなど保育の環境を整えるこ
と。

(3) 保育の実施に関わる配慮事項

ア 特に感染症にかかりやすい時期であるの
で、体の状態、機嫌、食欲などの日常の状
態の観察を十分に行うとともに、適切な判
断に基づく保健的な対応を心がけること。

イ 探索活動が十分できるように、事故防止
に努めながら活動しやすい環境を整え、全
身を使う遊びなど様々な遊びを取り入れる
こと。

ウ 自我が形成され、子どもが自分の感情や
気持ちに気付くようになる重要な時期であ
ることに鑑み、情緒の安定を図りながら、
子どもの自発的な活動を尊重するとともに
促していくこと。

エ 担当の保育士が替わる場合には、子ども
のそれまでの経験や発達過程に留意し、職
員間で協力して対応すること。

【索　引】

執筆者等の略歴

監　修
　松浦善満　　大阪千代田短期大学　学長・教授　和歌山大学名誉教授

編著者
　寄ゆかり　　大阪千代田短期大学　教授

　伊藤一雄　　大阪千代田短期大学　客員教授　高野山大学名誉教授

執筆者（章順）

伊藤一雄	大阪千代田短期大学	客員教授	1章、巻末資料
澤ひとみ	大阪千代田短期大学	専任講師	2章、5章
吉井英博	大阪千代田短期大学	専任講師	3章
茂野仁美	大阪千代田短期大学	専任講師	4章
寄ゆかり	大阪千代田短期大学	教授	5章、8章、9章、巻末資料
今井美樹	東大阪大学	専任講師	6章
吉垣隆雄	大阪千代田短期大学	専任講師	7章
宮本直美	大阪千代田短期大学	専任講師	10章
本田和隆	大阪千代田短期大学	准教授	11章
板倉史郎	大阪千代田短期大学	専任講師	12章
森　大樹	大阪千代田短期大学	専任講師	13章
鯵坂はるよ	大阪千代田短期大学	准教授	14章

新しい保育基礎 —免許法改定に対応して—

2020年4月2日　初版1刷発行

監　修　松浦善満

編著者　寄ゆかり、伊藤一雄

発行者　岩根順子

発行所　サンライズ出版
　　　　〒522-0004 滋賀県彦根市鳥居本町655-1
　　　　TEL.0749-22-0627　FAX.0749-23-7720

印　刷　サンライズ出版株式会社